Perspectives on Pragmatism: Classical, Recent, & Contemporary

Robert Brandom

プラグマティズムはどこから来て、どこへ行くのか

上巻

著者　ロバート・ブランダム

訳者　加藤隆文・田中凌
朱喜哲・三木那由他

現代プラグマティズム叢書

勁草書房

日本語版への序文

二〇〇一年のことですが、哲学を通じた友人である浜野研三教授に招かれ、西宮の関西学院大学にて、春学期のあいだを客員教授として過ごしたことがあります。浜野教授は以前にピッツバーグ大学哲学科へと私を訪ねてきてくれたことがあり、そこで『明示化』（一九九四年）や『推論主義序説』（二〇〇〇年）といった私の本について、じっくりと語り合ったのでした。浜野教授はそうした語らいをその後も続けたいと思ってくださっていて、またご自身の学生やほかの幾人かの日本の教授たちにとっても、それに参加することで得られるものがあるのではないかとお考えでした。偶然にも、当時一六歳だった息子ラッセルは、七歳のころからピッツバーグのフォーク実験学校で日本語を学んでいました（いまはThe Vergeで技術政策関連記事のエディターをしています）。そういうわけで、息子も一学期のあいだ私についてきて、教室の外で自分の日本語能力を試すことにしたのでした。関西学院大学滞在中におこなった講義のひとつが「プラグマティズムを分析する——語用論とさまざまなプラグマティズム」で、これは『プラグマティズムはどこから来て、どこへ行くのか』の第二章として収録されています。ですから、こうしてこの仕事が日本語で出版されて、一種の円環がしっかりとできあがったことになります。

この本を書いた目的のひとつは、プラグマティズム全般に対する私の取り組みとの関連で言うなら、不幸にして広まってしまったある見解に抗うことです。その見解によれば、プラグマティズムというのは、時間と場所のいずれにおいても狭い領域に局限された、哲学的に拙劣で、下手をすると反知性的で、それどころか不合理でさえある運動なのであって、その影響力がせいぜい懐古趣味に適うだけというところまで衰えたのは幸いなことだ、というのです。この見解に含まれる要素に正しいところなど、ひとつとしてないと私は思っています。この本の序章と第一章では、古典的なアメリカン・プラグマティストであるチャールズ・サンダース・パース、ウィリアム・ジェイムズ、ジョン・デューイは、歴史的にも、また現在においても、実質的な重要性を持っているのだと論じています。とはいえ、プラグマティズムという哲学流派をこうしたその創始者たちと同一視するのは根本的な間違いである、とも私は思っています。このように考えているのは私だけではありません。シェリル・ミサックは、ジェイムズとデューイをつなげる（リチャード・ローティが取り上げた）流れを、パースから発してC・I・ルイスを通って続く（ウィルフリド・セラーズが取り上げた）流れから区別しないと、古典的プラグマティストたちのことさえ甚だしく誤解することになる、と説得的に論じています。ミサックはさらに、フランク・ラムジーが、その他の多くの功績に加えて、プラグマティズムのまさに英国版と言えるものを提示しているとみなしています。

私が初めて古典的アメリカン・プラグマティストの三傑を読んだのは、イェールの学部生時代に、ブルース・ククリックの指導のもとでのことでした。ククリックは、この三傑が作り上げたのは、

C・I・ルイスどころか、ルイスの教え子であるネルソン・グッドマンやW・V・O・クワインまでもが目に見えるかたちで引き継いでいる、活き活きとした哲学流派なのだと見ていました。ククリックはそれだけでなく、クワインがセラーズと共有する意味論的全体論が、観念論の伝統の中心にある流れを汲むとも見ています。こちらは先のものより異論を呼ぶでしょうが、私は正しい見方であると信じています。ここでの観念論の伝統については、ルイスの師に当たるジョサイア・ロイスがその黄金時代における代表となるでしょう。プラグマティズムはいつでもこの伝統と対話してきたのです。そののちには、プリンストンで博士論文の指導に当たってくれたリチャード・ローティのおかげで、プラグマティズムというものを広く理解して、初期ハイデガーや後期ウィトゲンシュタイン、さらにはセラーズに、クワインの弟子であるデイヴィドソンと、それぞればらばらで、互いにシンパシーを持っているわけでもない哲学者たちを、そのうちに包摂するものとみなそうという考え方に親しむようになりました。やがて私は、プラグマティズムというのはたくさんの住まいがある地所なのであって、それなりに密接に関係はしつつも別個に切り離されたコミットメントの数々からつくられており、ウィトゲンシュタインのおかげで「家族的類似性」という見出しで有名になったたぐいの仕方で多様な哲学者たちを関係づけるものなのだと考えるようになりました。そういった多様なプラグマティズム的見解の数々について、その概念上の先駆者を掘り起こしていくなかで、私はそのような見解のうちでもとりわけ中心的なもののいくつかが、カントやヘーゲルのドイツ観念論の思想にしっかりと根を下ろしているのだ、と考えるようになりました。これは、パースとデューイがはっきりと公言していたことでもあります。

俗世間から切り離され、そのうえアメリカだけでしか見られなかった世紀末的な現象、などといったものではまったくなく、プラグマティズムは、世界史的な重要性を持つ哲学運動として姿を現します。ドイツ観念論から生まれ出て、その枠に収まらないくらいに成長すると、アメリカのプラグマティストたちはまさしく第二の啓蒙を宣言し、それに取り組んだのでした。パースは当時のポスト・ニュートン的な科学から教訓を得ていたのですが、そうした教訓に促されて語り直された形の自然主義と経験主義が、こうして展開されることになりました。プラグマティストたちが自身の主軸として追求した発想のうちには、二〇世紀でもっとも偉大な哲学者の幾人かの仕事に影響を与え、現在でも、ヒュー・プライスのような重要な人物の仕事のうちに花開いているものもあります。プライスはケンブリッジ大学トリニティ・カレッジでバートランド・ラッセル記念教授職に就いていますが、ケンブリッジ大学というのはウィトゲンシュタインが教えていた場所でもあります。

そういうわけですから、『プラグマティズムはどこから来て、どこへ行くのか』では、古典的アメリカン・プラグマティストたちだけでなく、二〇世紀後半に活躍したふたりのプラグマティズムの巨人であるウィルフリド・セラーズとリチャード・ローティについても論じています。それだけでなく、プラグマティズムのうちにあるいろいろの発想を現代においていかに練り上げて展開させられるのか、ということも探っています。もし私の本が、日本の読者たちをそうした発想へと導き、さらにはプラグマティズムにおける現代の哲学対話という活き活きとした現在進行形の営みへの参加を促す手助けになったなら、哲学の、そして人間による自己理解そのものの発展にとって、重大な貢献となることでしょう。

二〇二〇年四月二六日　ペンシルヴァニア州ピッツバーグにて

ロバート・ブランダム

良き師であり友人であるブルース・ククリック（Bruce Kuklick）に捧ぐ。

彼はイエールにて、学部生であった私の教師として、広くは思想史（intellectual history）という学術領域とそれにまつわる楽しみへと、そしてとりわけアメリカン・プラグマティストたちの思想へと、私を導いてくれた。

彼のおかげで私は一生ものの哲学の旅路を歩み始めたのであり、本書はその道中記のほんの一編である。

プラグマティズムはどこから来て、どこへ行くのか〔上巻〕

目　次

【上巻】

【下巻】

凡例

一　本書は Brandom, R. (2011). *Perspectives on Pragmatism: Classical, Recent, and Contemporary*. Cambridge, MA: Harvard University Press の全訳である。

一　カッコの使用規則は以下の通りである。

「　」　引用符、論文名に用いる。

『　』　書名、引用符内引用符に用いる。

〔　〕　訳者による補足をする際に用いる。

（　）　原著で用いられている（　）記号をこのカッコで処理する。

［　］　原著で用いられている［　］記号をこのカッコで処理する。また、引用文の省略箇所は［…］で表す。

一　原著の（　）記号を反映した（　）とは別に、必要と判断した場合は原語を（　）内に示した。また、論文名や書名、人名は、本書本文内の初出時にその英字表記を（　）内に示した。

一　強調を表す原文中のイタリック体は、訳文の右側に傍点（「、」）を付して示した。ただし、外来語であることを表すイタリック体については、特別な処理は施していない。

一　原文で太字で強調してある箇所は、訳文でも太字で示した。また、原文では大文字で表記することによって強調してある箇所についても、訳文では太字で示した。

一　原文でアンダーラインが付されている箇所は、訳文では右側に傍線を付して示した。

一　原文中、意図的に単語の頭文字を大文字で表記することによりそれがキータームであることを表していると思われる場合には、当該表現の訳語に〈　〉を付して示した。

一　原著の注は本文右側に（1）、（2）……などの番号を付し、各章末に示した。また、訳注は本文右側に〔1〕、〔2〕……などの番号を付し、各章末の原注の後に示した。

一　引用文の転記ミスや典拠表示のミスなどが原著中にいくつか見られたが、これらの軽微なミスについては、気づいた限りで、特に断らずに修正した。

一　原著に引用された著作で、既に日本語訳のあるものについては、逐一ページ数等を示してはいないが、訳出にあたって大いに参考にさせていただいた。参照した邦訳書は注の文献情報にカッコ書きで追加して示してある。ここに記して感謝します。

序章　ドイツ観念論からアメリカン・プラグマティズムへ
——そして再びドイツ観念論へ

1　カントとヘーゲル

　ここ四十年間の展開のなかで確立されてきた、現代の哲学者たちにとってのイマヌエル・カント（Immanuel Kant）の地位とは、ちょうどアルジャーノン・スウィンバーン（Algernon Swinburne）にとっての海のようなものであった。すなわち、私たち皆のいにしえの太母（グレートマザー）とみなされるようになってきた。そしてカントは、現代の私たちにとって重要な存在であるが、それと同程度に、古典的アメリカン・プラグマティストたちにとってもそうであった。しかし、かのセピア色の時代を遠く振り返ってみると、〔現代から〕往時までの間には、英語圏哲学の典範からカントについての記述がごっそりと抜け落ちていた長い時代が横たわっている。バートランド・ラッセル（Bertrand Russell）とG・E・ムーア（G. E. Moore）が打ち立てた思想理念は、強まりつつあった分析哲学の風潮を後押しする理論的根拠や結束して戦ってゆくための信念をはっきりとした形にして述べたのであるが、これは、G・W・F・ヘーゲル（G. W. F. Hegel）から着想を得て成立していたイギリス観念論の持つ、〔すでに〕気づかれていた欠点からの反動で形成されたのである。ヘーゲルが明らかにカントに負っている、しかも〔ヘーゲル〕自らそうだと認めている莫大な借りについて、ラッセルとムーアはよくよく意識しており、それでいて、カントを経験主義的な科学哲学者として解釈するという新カント派的な解釈が仮になされていればカントはもっと好意的に受け取られたかもしれないが、彼らはそのような解釈はとらず、観念論的な腐敗はすでにカントにおいて始まっていたのだと診断した。彼らにとって、さらにはそれ以降の長きにわたる期間の彼らの追随者たちの多くにとって、哲学におけるこの進歩的潮流〔つまり分析哲学へと至る流れ〕は、ジョン・ロック（John Locke）、ゴットフリート・ライプニッツ（Gottfried Leibniz）、そしてデイヴィッド・ヒューム（David Hume）から、ジョン・ステュアート・ミル（John Stuart Mill）とゴットロープ・フレーゲ（Gottlob Frege）へと一直線に、ドイツ観念論のくびきにかけられて危険な脇道に逸れてしまうことなく駆け抜けていったとみなされるべきものなのである。

　プラグマティストたちはカントから何を学んだのだろうか。私は、基軸となるカントのふたつの考えに注目したい。ひとつを、彼の規範的転回と呼ぼう。そしてもうひとつを、彼のプラグマティズム的方法論と呼ぼう（〔この用語には〕私の主張が込められているが、後から論じる内容を踏まえた用語をひとまず先回りして使っているだけである）。私たちは今日でもなお、これらの考え――込み入った理由ゆえ、その大部分が古典的な分析哲学の目には入っていなかった考えである――を気にかけておくべきである。私のカント理解によると、彼の最も基本的な考え、つまり彼の思想全体の中心にある転回軸とは、次のような考えである。すなわち、判断力と意図的な行為者性（agency）の行使を、単なる自然生物の行動遂行から区別する点は、判断と行為が独特の種類の規範的評価に左右されるという点である。判断と行為は、私たちが独特の意味において責任を持つものである。それらは、私たちが引き受けるある種のコミットメントなのだ。カントは、判断することと行為することを、規則の適用、つまりは概念の適用として理解している。これらの規則ないし概念は、主体がそれらを適用することで何にコミットし、何に責任を持つようになるのかを決定する。概念を、判断に理論的に、行為に実践的に適用することで、概念使用者は自分が従うことにした規則に準じて行われる規範的評価に左右されるようになるのであり、それによってその概念使用者は束縛され、何かにコミットするようになり、なんらかの責任を負うのである。

概念適用によって引き受けることになる責任とは、課題に対する責任（task responsibility）、すなわち、何かをするぞ、というコミットメントである。理論的に言えば、人がコミットしていること、つまり、人がどの程度それをうまくするのかに関して評価を受けるようになることとは、その人が〔自分の〕もろもろの判断を統合し、独自の種類の統一性、つまりは統覚の総合的統一性を示す全体にすることである。それは、体系的で合理的な統一性であり、判断から推論的帰結を引き出すこと、判断の理由を見つけること、自分が引き受けているものと両立しないコミットメントを拒絶することによって、動的に生成・維持される。統覚作用を果たすこと、つまり、特に知性を伴うとされる種類の意識を持つことは、言説的な（つまりは概念的な）意識を持つことである。というのも、どの判断が他のどの判断を導く理由になるのか、あるいはどの判断が他のどの判断に反対する理由になるのか、という関係によって構築される統一体へと諸判断を統合することにこそ、統覚は存しているからだ。そして、判断同士の間のそれらの合理的関係は、人が判断を下す際に自らを縛る規則によって、つまりは概念によって、決定される。それぞれの新しい経験エピソード[1]、例えば知覚判断を下すことがその典型なのだが、その各エピソードは先行しているコミットメントの集合体への統合を要求するのであり、したがってこれは先行のコミットメント集合体の変形を要求するのである。新たな両立不可能性が現れることもありえ、これについては、先にあったコミットメントを却下したり修正したりすることによって批判的に対応しなければならない。〔判断が〕組み合わさることで生じる新たな帰結が後に続くこともありえ、こうした帰結についても承認か却下がなされねばならない。全体が体系的に進化・発展してゆくそのプロセスは、典型的に合理的なものである。このプロセスは、新しいコミットメントを承認したり新しい帰結を引き出したりすることによる吸入ないし敷衍と、新しいコミットメントに対する合理的関係の観点から古いコミットメントを却下したり調整したりすることによる排出ないし批判の、〔ふたつのプロセスが織りなす〕リズムによって構築される。

判断するという活動が何に存するのか、判断しているという状態であるためには人は何をしているのでなければならないかということについて（そして同様の話は行為するということにも当てはまるのだが）、カントは新たに規範的な捉え方を打ち出している。この捉え方は、人が判断の際に責任を負っている〔これから〕判断がなされうる内容〔（以下、「可断的内容」と呼ぶことにする）〕についてのカントの理解の仕方に、重要な構造的制約を課す。カントが生まれ育った伝統において支配的だった論理的で意味論的な説明順序は、〔まず〕名辞ないし概念についての学説から始まるのであった。〔その次に〕そうした基礎の上に判断についての学説が立てられ、そして最後に、帰結〔関係〕ないし三段論法についての学説が立てられていた。しかし、**責任**の最小単位は判断である。統覚の合理的な総合的統一性を示しながら進化を続ける集合体へと諸判断を統合する際、それによって自身の権威を投資（invest）し、コミットすることになるものとは、概念ではなく判断なのである。そうした考えに従ってカントは、自分の先駆者たちとは根本的に手を切り、判断こそが、意識と経験の最小単位であると考えているのだ。概念は、判断に含まれる機能として、分析的に理解されることになる。つまり概念は、可断的内容にどう貢献するのかという観点から理解される。諸判断は、統覚に特徴的にみられる合理的統一性を示す体系に統合されることがあるが、そうした統合に加わる候補であるためには、判断同士はお互いに、実質的な帰結関係や両立不可能関係になければならない。そのため、もし判断することを、概念を適用することとしても理解しようとするならば、そうした概念の内容について真っ先に立てられねばならない問いは、どのようにしてあれこれの概念の使用が、その結果生じている、可断的内容同士の合理的関係に影響しているのかということである。こうした方法論的転換〔が意味するの〕は、カントが**命題的なものの説明上の優先性**という考えにコミットしているということだ。これは後にフレーゲも支持することになる方法論的コミットメントであり、フレーゲの『概念記法』（*Begriffsschrift*）は、可断的内容にのみ語用論的（プラグマティック）な力が伴うのだという見解によって構成されている。さらに〔後には〕ルートウィヒ・ウィトゲンシュタイン（Ludwig Wittgenstein）もこの方法論的コミットメントを支持することになる。『探究』（*Investigations*）において彼は、文に最上の地位を与え、文こそが言語ゲームにおいて一手を指すために使用されうる唯一の種類の言語表現であるとしている。

思うに、ここでのカントの思想は次のようなものである。判断する際に適用されている個々の概念の内容に注目することによって、それらの概念を含む可断的内容を合理的に統合する具体的ないくつかの可能性（それらの内容の推論的根拠、帰結、両立不可能性）を説明するという、局所的な説明順序がある一方で、大域的な説明順序というのもある。大域的な順序に従えば、〔まずは〕概念的内容とは何であるかを、可断的内容とは何であるかという観点から理解しなければならない。そしてこれ〔可断的内容とは何であるか〕は、判断をする際に、つまり可断的内容について責任を引き受ける際に、何をしているのかという観点から、理解されなければならない。概念的内容を判断に含まれる機能として理解する考え方である、概念的内容についての機能主義は、命題的なものに説明上の優先性を認める考えに方法論的にコミットしていることの実践的な表明であるのだが、この機能主義は、（広い意味でいえば）意味論が語用論に応答していなければならないという、広い範囲で採用されている方法論的プラグマティズムによって動機づけられている。[1] これは、言説的内容を是認したり適用したりする際には何をしていることになるのかという観点から言説的内容を理解する戦略であり、判断するという活動を説明するために必要なことがあるとして、それによって、可断的でそれゆえに概念的な内容に対してどういった条件が課されるか、という観点から、そうした内容というものに一般的に迫るという戦略である。

これまで私は、説明上の都合から、カント思想の認知的・理論的側面だけを描いてきたのではあるが、私がカントに帰している意味でのプラグマティズムは、理論的なものよりも実践的なものを、認知の行使よりも行為者性の行使を、説明上で優先するということではない、ということをはっきりさせておくことが重要だ。そうではなくむしろ、このプラグマティズムは、実践的領域と理論的領域の両方において、(フレーゲの言う意味での)力という観点から、内容を理解している。すなわち、判断されていること、信じられていること、なされていることについて、そうしたことを判断している、信じている、なしているためには、何をするのでなければならないか、どういった活動に従事していなければならないか、という観点から理解するのである。(理論的・実践的な)概念的活動についてのカントの規範的理論がどのようにして(理論的・実践的な)概念的内容についての彼の説明を形成しているのかを鑑みれば、カントは〔プラグマティストという〕言葉が誕生する以前のプラグマティストであったと考えるべきだ、というのが私の主張していることである。

私の解釈では、ヘーゲルはカントから、概念を用いた行為についての規範的説明へのコミットメントを引き継ぎ、さらに同時に、私たちが認知的・実践的コミットメントを引き受ける際に何をしているのかという観点からそうしたコミットメントの内容を理解するという、広い意味でのプラグマティズム的な方法へのコミットメントを引き継いでいる。また私の見解では、ヘーゲルは、概念と結びついた規範を、公共的かつ社会的な承認実践によって制定されたものと捉えることにより、そういった規範の捉え方を自然化する方向へと大きな一歩を踏み出してもいる。さらにヘーゲルは、概念適用によって引き受けることになるコミットメントを合理的に統合するというまさにこの実践――すなわち、承認されたり承認したりする個々の主体の統合でありながら、それらの主体が属する承認の共同体の統合でもあるようなことを行うということ――が、どのようにして同時に、適用される概念の内容を分節化する規範を制定し、決定し、発展させる歴史的プロセスでもあるのかについての物語を述べてくれている。彼は進展を続けるその社会的・歴史的プロセスを「経験」（つまり*Erfahrung*）と呼んでおり、彼はもはや経験を、主に個人の耳と耳の間〔頭の中〕で生起するものだとはみなしていない。〔時代が下って〕現代にもっと近いところで、私たちは、こうした展開が繰り返されるのを目の当たりにすることになった。すなわち、人はまず意味を制定し（これが言語である）、その上で意味を適用する〔理論を採用する〕というルドルフ・カルナップ（Rudolf Carnap）の二段構えの見方を、W・V・O・クワイン（W. V. O. Quine）は、プラグマティズムの精神にのっとり拒絶するのである。表現の使用というのは、人が何を意味しているのかという問いと人が事物をどういうものと捉えているのかという問いの両方を〔ひとまず〕それが解決されているという限りで）解決しているものとして、その都度その都度のあらゆる段階において理解可能でなければならないような、統一的なプロセス・実践なのだという見解を、クワインは好んだのである。

2　古典的アメリカン・プラグマティズム

ごく大まかに言えば、チャールズ・サンダース・パース（Charles Sanders Peirce）、ウィリアム・ジェイムズ（William James）、そしてジョン・デューイ（John Dewey）という古典的アメリカン・プラグマティストたちは、ドイツ観念論の伝統を自然化するというヘーゲルからすでに始まっていたプロセスを完遂することによって、このドイツ観念論の伝統を発展させた。彼らの手によってドイツ観念論は、私たちについての、そして周囲の環境と私たちとのやりとりについての、経験科学による説明という形を取ることとなった。彼らが追求した種類の理解は、一九世紀後半の科学に特徴的に見られる新しい形式での物事の理解の仕方を体現する、ふたつの新しい科学的説明のモデルによって決定的に形づくられた。これらのうちで第一に重要なものは、もちろん、ダーウィン（Charles Darwin）の進化論的説明である。〔そして〕当時の科学において円熟に至ったもうひとつの説明形式は、統計学的説明である。これらふたつの説明上の革新を科学における概念的革命の特徴的な面とみなす、パースが先鞭をつけた科学の哲学とともに、プラグマティズムは始まっているのである。

進化論的説明と統計学的説明がそれ以前の数理物理学の説明と違っていた面のひとつは、それらの説明が主としてどういう様相で表現されるかということに関わっている。ニュートン力学の法則の様相は必然性〔の様相〕である。何かが、永久不滅で例外がなく、普遍的な法則ゆえに必然的なものとなっていると証明することによって、その何かについての説明がなされる。進化論的説明と統計学的説明は、偶然に生起するものを対象とし、それがどういう条件下であれば蓋然的であったとみなせるようになるのかを明示することで説明する。これらの説明は両方とも、個々としてはばらばらで規則性がないものからでもそれらが集合を成せば秩序が偶然的に発生するということを理解可能にする方法である。

進化論的説明の元来の主題は、もちろん、生物種が発生し、多様化してゆくプロセスである。統計学的説明はもともと社会科学に適用されており、そこから一般化されたことによって、物理学において熱力学が成功するための下地を提供したのだが、この経緯からヒントを得たパースは、進化論的な理解の仕方と統計学的な理解の仕方をふたつの別々の方向に向かって大幅に一般化した。いちばん重要であったのは、ジェイムズととりわけデューイによって取りあげられ発展させられた考え、すなわち、種のレベルにおける進化と、個体のレベルにおける学習が、選択という共通の構造を有しているという認識である。〔進化と学習は〕両者ともに適応のプロセスとして理解することができ、そのプロセスにおいては、外的環境との相互作用が、ある要素を選択し（保存・再生産し）、同時にそれ以外の要素を淘汰する。この洞察は、習慣という概念のうちに、そしてまた、個体における学習を、選択によって習慣の集まりが進化することとして見る捉え方のうちに、組み込まれている。こうした考えを基軸にすることで可能になったことがある。それは、〔まず〕有能な捕食者の巧妙な状況対応に始まり、原始的なヒト科動物の実践的な知性を経て、文明を持つ人間の伝統的な実践や常識へと、さらには、現代の科学者がしている最も洗練された理論化の営為へとはるばると伸びている、認知の連続体を、自然主義的に解釈することである。これらはすべて、生物学的進化と合致しており、それと同じ一般的観点から理解可能であるとみなされる。

パースが進化論的・統計学的・選択的な説明モデルを一般化したもうひとつの方向は、無機的な自然へと向かっている。それ以前の世代の科学的自然主義者にとっては、科学的な理解のパラダイムはダーウィン生物学というよりむしろニュートン物理学であった。そうした自然主義者が、永久不滅で変わることのない、必然的で普遍的な自然法則と考えていたものを、パースはもはや、宇宙の、最も広い意味で言うところの「習慣」そのものとみなしている。すなわちそれら〔習慣〕は、そうした規則性の集合に作用する選択的・適応的プロセスによって偶然に、しかしながら最終的には統計学的に説明可能な形で生起した秩序であり、この秩序が今度は、すべてのものが全体として適応しなければならない動的な環境をもたらすのである。そのような順応が一旦成し遂げられたとしても、ずっとそのままでうまくゆく保証はない。個体が学習する習慣と同様、法則めいた規則性には、比較的頑強（ロバスト）であると判明するものもあれば、比較的脆弱であると判明するものもある。法則についての古い捉え方は、〔今や〕たかだか近似的に真でしかないものとして姿を現す。〔つまりそれは、〕現実がせいぜい漸近的に近似してゆく先にある状況を推定するという、理想化にすぎないのである。(2) 古典的アメリカン・プラグマティストたちの自然主義は、当時の最高の科学から教えられた新しい自然のあり方によって形づくられている。それはすなわち、統計学的な説明と選択説的な説明という新しい形式のレンズを通して見た自然である。

プラグマティストによる新しい形式の自然主義は、新しい形式の経験論[2]と組み合わさっていた。実験科学の手法はまさに、知的な生物であればどの発達段階にあるものにも共通している実践の形式である選択的な学習プロセスを、明示的に、そして原則にのっとって洗練させたものとみなされる。こうした学習プロセスの種類は色々あるが、デューイはこれらをひっくるめて「経験」という言葉で呼んだ。これは、『経験と自然』(*Experience and Nature*) や『経験としての芸術』(*Art as Experience*) といった彼の中心的著作の基軸となる概念である。（この概念はデューイ思想にとって極めて中心的であるので、これらの著作を読む際には時に、リチャード・ローティ (Richard Rorty) がかつて言ったように、デューイは「『経験』という言葉をまさにおまじないのように使うことで、考えうるあらゆる区別を曖昧にしてしまっている」という印象を拭い去ることが困難な場合がある。）この〔デューイ的な〕意味における経験は、〔心の〕内側にあるデカルト的な明かりを点灯させること——つまり、経験の主体にとって不透明なところがなくかつ訂正不可能である自己告知的な（self-intimating）出来事が純粋な意識に発生すること――ではない。経験とは仕事（*work*）、すなわち、力を加えてある距離を移動させることである。仕事とは単に生起するものでなくむしろなされるものである。つまりこれは、エピソードというよりむしろプロセス、つまり実践に従事すること、能力の行使なのである。これは、*Erlebnis*（ないし*Empfindung*）という意味での経験ではなく、ヘーゲルの言う*Erfahrung*という意味での経験である。この経験は、断固として非デカルト的な意味での「経験」なのであり、求人広告で「経験不問」と書いてあるような場合の「経験」である。〔当然ながら〕このように書いてある求人広告はゾンビからのご応募をお待ちしているわけではない。〔プラグマティズム〕以前の経験論者は、経験とは、学習のための生の素材（raw materials）を提供する意識的エピソードが、連合、比較、抽象化といったプロセスを経て生起することであると考えた。プラグマティストにとっては、経験は学習プロセスへの入力ではない。経験はまさに学習である。すなわち〔経験は〕、知覚と行動遂行の後に、その行動遂行の結果の知覚と評価が続き、次にさらなる行動遂行がなされるという、反復的で適応的で、条件によって枝分かれがある、テスト－操作－テスト－退出のループの構造を示すプロセスである。経験の結果を、個別の知識を所有することと考えるのは最善手ではない。そうではなく、経験の結果とは、ある種の実践的な理解、すなわち、環境への一種の適応的調整、偶然の出来事にうまく対処することに適した習慣の発達なのだ。つまりこれは、命題知（knowing that）というよりむしろ方法知（knowing how）なのである。

近代科学という過去三百年で最も成功した社会的制度の勃興から、哲学者は、事物がどうあるかということと、私たちは事物をどのように理解できるのかということの両方について、最も重要な教訓を学ぶことができる、という考えがある。存在論における自然主義と認識論における経験論は両方とも、この考えによって促進されている。しかし、ことの始まりにおいてはそもそも、両者は典型的には、互いに重大な緊張関係にあった。アイザック・ニュートン（Isaac Newton）の語る自然界の構成要素のなかに、ロックの言う心は含まれていない。そしてヒュームは、ニュートン力学の法則などの諸法則を、単なる規則性からは区別される必然性を有しているものとして知る、あるいは理解するということを可能にするようなものを、経験のなかに見つけ出せずにいる。さらに、こうした緊張関係は、啓蒙思想の時代の自然主義と経験論だけの特徴というわけでもない。二〇世紀の自然主義と経験論にも同様の軋轢があるのだ。カルナップが英雄的な苦労をして何とか別々の方向へ飛んで行ってしまうことを阻止しようとした、ウィーン学団のふたつの主翼は、まさに、次の問いにどう答えるかによって区別される。すなわち、経験論と自然主義が衝突するとき、どちらを重視し、どちらを手放すべきか。モーリッツ・シュリック（Moritz Schlick）は経験論〔（経験主義）〕の優位性を主張したが、オットー・ノイラート（Otto Neurath）は自然主義の方に優位性があるという立場にコミットしていた。クワインにしても、自身が（論理）経験主義者として抱く様相への敵意を、科学が出す意見に優位性を認める自身の自然主義的態度と完全に調停するということは、ついぞ叶わなかった。

しかし、古典的プラグマティズムの自然主義と経験論は、それ以前の自然主義と経験論よりも、またそれ以後のそれらよりも、はるかにうまく嚙み合っている。両者は緊張関係にあるどころか、互いが互いを補完し、相互に支え合っている。世界と、世界についての私たちの知識は、両方とも、単一のモデルに基づいて解釈される。すなわちそれらは、無作為な可変性の海の上に秩序をぽっかりと浮かび上がらせる統計学的な選択的・適応的プロセスによって生み出された、〔これからも〕変化するかもしれない偶然の産物と解釈される。競い合うもろもろの習慣の集まりを包摂している環境と相互作用することを通して、相対的に安定した一群の習慣が生起し、維持されるというプロセスの観点から、自然と経験の両方が理解されることになる。進化するものとして解釈される自然のなかに、学習することとして解釈される経験を位置づけようとすることは、基本的には問題ない。これを反転させた関係にある伝統的な問題の類比物も存在しない。すなわち、経験を習慣の動的な進化として解釈すれば、知識主体であり行為者である経験主体が関わりを持ち、手を加え、適応してゆく対象であるところの事物が有している様相的に頑強(ロバスト)な習慣に、どのようにして経験主体がアクセスできるようになるのかを、理解しようと骨を折る必要はないのだ。プラグマティズムの形式による自然主義と経験論は、一枚のコインの表裏なのである。

プラグマティストたちの経験の捉え方が、コミットメント同士の置かれている実質的な両立不可能関係や帰結関係に従いながら、コミットメントを批判的に選り分けたり、〔既存のコミットメントから新しい〕コミットメントを能動的に推定したりするという合理的なプロセスを自然化したものであること、カントによれば統覚ならではの総合的統一性を生み出して提示すると言い表されているプロセスを自然化したものであることは容易に見て取れる。というのも、こうした発展プロセスもまた〔統計学的ではないが〕選択的なのである。周辺の他のコミットメントと調和して繁栄し、長続きする〔理論的・実践的〕コミットメントもあれば、その環境内では繁栄できないものとして、修正されたり却下されたりするコミットメントもある。〔カント思想とプラグマティズムの経験の〕捉え方の実質的な違いを鑑みれば、両者のこの〔コミットメントの発展プロセスの〕共通構造に注目するというのは、突飛に思われるかもしれない。カントが説明しているプロセスは合理的で概念的な両立不可能関係と帰結関係によって構築されているのに対して、プラグマティストが説明しているプロセスは、自然の、因果的な両立不可能関係と帰結関係によって構築されている〔と思われるかもしれないからだ〕。

しかし、プラグマティストならばそうは思うまい。というのも、彼らは経験についての新しい捉え方を導入するのみならず、理性についても新しい捉え方を導入するからだ。彼らは、理論物理学者が持つ合理性を、原始的文化の狩猟生活民が持つ知性や、人間でない捕食動物が持つ技能と、連続的なものと捉える。言説的な認知的・実践的コミットメントが衰退したり発展したりするプロセスは、環境に合った実践的調整を達成することやその環境内でうまくゆく習慣を習得することに合致した、それと同じ構造を共有する学習プロセスである。そしてそうした習慣習得は、何かしらの形で、感覚を持つあらゆる生物の自然史の一部となっている。この意味での理性と知性は、産業革命の象徴である弾み車調速機[3]が行う均衡の維持のうちに、〔可塑性もなく学習も生じない形ではあるが〕すでに見てとることができる。プラグマティストの自然とは、徹頭徹尾、合理的な自然である。それは、自然のうちの、経験として理解可能な一部だけに限ったことではない。

3　基礎的プラグマティズム

古典的アメリカン・プラグマティストが、経験概念を自然化するために、つまり経験概念を脱神話化して飼い慣らし、デカルト主義のもたらした二世紀間にわたる負債から解放するために、より具体的にはどのような戦略を採用したかというと、私が基礎的プラグマティズムと呼ぶものがそれに当たる。これは、（ライル的な言い方をするならば）しかじかであると知っていること〔命題知〕をどのようにするか知っていること〔方法知〕の一種として理解すべきだという考えである。つまり、事物がしかじかであると信じているということは、何かをするための実践的能力の観点から理解されることになる。とりわけデューイは、彼の時代に至るまでの哲学的伝統全体に、ある種のプラトン主義ないし主知主義が蔓延していると考えた。このプラトン主義ないし主知主義の見方は、規則あるいは原則、つまり、概念的もしくは命題的に明示的にされたもの、あるいは明示的にされうるものが、ありとあらゆる巧妙な実践の背後に存在しているとみなしていた。そうしたアプローチに、デューイはそれとは正反対のプラグマティズムの考え方を対置させる。この考え方は、実践や実践的能力から成る陰伏的な文脈を強調する。この文脈に照らしてはじめて、状態や行動遂行が明示的内容を持つ信念や判断として理解可能となるために必要な背景が形成される。このようにして伝統的な説明順序を逆転させているという点で、デューイの陣営には、事物的存在者（*Vorhandenheit*）をそれよりも「原初的な」道具的存在者（*Zuhandenheit*）から結晶化して導かれたものとして理解するプロジェクトを進めていた『存在と時間』（*Being and Time*）のマルティン・ハイデガー（Martin Heidegger）、そして後期ウィトゲンシュタインが加わることになる。〔デューイ、ハイデガー、ウィトゲンシュタインの〕三人の思想家は皆、認知と行為者性（agency）には規範的性格があるというカントの基礎的洞察を引き継いでおり、さらに、規則・原則としてある明示的な規範よりも、実践における適切な作法としてある陰伏的な規範のほうが説明上は先行している、という考えへのコミットメントを共有している。

私は、「基礎的プラグマティズム」という名称が、どちらかというと緩やかで融通のきく記述となるよう意図しているのであって、このプラグマティズムは、パラメータの調整や解釈次第で、それ以外の多くの点で異なることもある多くの思想家たちの方法論を取り込めるようになる。基礎的プラグマティズムは例えば、意味についての思索のなかでクワインを「博物館の神話」[4]批判へと至らしめた説明順序と、感覚的経験についての思索のなかでウィルフリド・セラーズ（Wilfrid Sellars）が「所与の神話」を批判する際に用いた説明順序の両方を包摂すると考えられる。このプラグマティズムは、その内実はさまざまな仕方で言い表せるであろう〔二者の〕対比、言うなれば陰伏的な側、つまりノウハウ、技能、実践的能力といった実践側にあるものと、明示的な側、つまり概念的な、規則、原則、表象といった側にあるものとの間を対比することに、依拠している。ゆえに私たちは、ふたつの段階の志向性を区別してよいだろう。すなわち、実践的志向性と言説的志向性である。実践的志向性とは、言語は持たないが知能を持つ動物が示す種類の、環境への同調のこと——つまりは動物たちが、さまざまなものを、被食者あるいは捕食者、食物、性的パートナーあるいは競合者として実践において取り扱い、その取り扱いに従って対処できるというときのその対処の仕方なのである。言説的志向性とは、判断や意図的行為において概念を用いることであり、事物がしかじかであると明示的に捉えることができ、命題を〔心のなかに〕抱いて評価し、規則・原則を定式化することができるということである。基礎的プラグマティストが熱望しているのは、言説的志向性を特別な種類の実践的志向性として描き出せるようになることである。こうしたプロジェクトは、強い還元主義の形式をとることがありうる。例えば、私が他所で「人工知能のプラグマティズム版」と呼んだものの主張するところによれば、その〔実践・能力の〕いずれも、非言説的生物が携わったり行使したりするということがありうるという意味では非言説的〔な実践・能力〕であるが、しかしそれらから、概念を使用したり自律的言語を話したりできる言説的能力をアルゴリズム的に組み立てられるというような、実践と能力の集合が存在する[3]。しかし基礎的プラグマティズムは、このような強い還元主義の形式をとらなくてもよい。もっと控えめに、言説的活動は、日常的な思考から理論物理学者の思索に至るまで、実践的志向性の一種なのだと（つまり、その〔実践的志向性という〕確定可能体を確定させたもの（a determination of that determinable）なのだと）[5] 主張してもよいだろうし、それどころかそれ〔言説的活動〕は、非言説的な実践的志向性から発達したものと理解できる実践的志向性の一種であるが、それでもそれはまったくもって特別な種類のものなのだと主張することすら可能だろう。

　こうした意味での基礎的プラグマティズムは、古典的プラグマティストたちの自然主義に独特の形状を与えることになる。というのも、その〔基礎的プラグマティズムの〕方法論的コミットメントゆえ、彼らの自然主義は、まずもって、言説的な理解と行為者性とを有する主体（*subjects*）の方に関する自然主義であることが確実だからである。現代において私たちが自然主義について考える際には、自然主義をまず、混乱を招く可能性のあるさまざまな種類の概念、すなわち意味論的概念、規範的概念、確率論的概念などによって表象される、客体（*objects*）についての理論と考える傾向がある。問題は、どのようにしてそうした概念が表象するものを自然界の一部として見るのかということだ。それは、基礎物理学や、あるいはその他の個別科学によって把握されるのかもしれないし、問題含みでない経験的で記述的な概念によって把握されるというだけでもよいのかもしれない。こうした客体自然主義とは対照的に、〔古典的〕アメリカン・プラグマティストたちは主体自然主義者である。[4] 基礎的プラグマティズムは、まずは言説的主体がしていること、それらが行使する能力、それらが従事する実践を見ることを推奨する。このことについて自然主義的な物語が語られうるならば、自然主義者を悩ませそうな問題は残らないと言ってよいだろう。後期ウィトゲンシュタインが構築したいわゆる言語ゲームの眼目のひとつは、基礎的プラグマティズムの眼目、主体自然主義の眼目であるように思える。主体自然主義と客体自然主義の区別を考えれば、この主張は、ウィトゲンシュタインが『論考』（*Tractatus*）ですでに打ち立てておりその後決して手放していない次の主張と完全に両立可能であることが明らかである。すなわち、「哲学は自然科学の一分野ではない」という主張だ。私たちが考えること、言うことのすべてが、世界をこれこれであるものとして表象していると理解される必要があるわけではない。そして、もしそう理解されるのだとしても、基礎的プラグマティズムの導きに従えば、〔言説的主体が〕表象をしていることになるためには、つまり、ある状態、エピソード、ないし行動遂行を、何かの表象として捉えたり扱ったりしていることになるためには、言説的主体が何をするのでなければならないか、という観点から、表象を理解することになる。というのも、表象的内容とは明示的なこと、つまり例えば、事物がしかじかであると信じているということだからである。そしてそうしたことが理解されるのは、主体が行う何かしらのこと、それによってその主体はしかじかと信じているのだとその主体について述べることが正しくなる何かしらのことのうちに陰伏しているものによってなのだ。基礎的プラグマティズムは、表象主義的な説明順序とは対照的な立場にある。後者は、表象的内容という考えを第一に据え、その考えに訴えることによって、いったい知識を有していたり行為をしていたりする主体は何をしているのかということを理解する。〔表象主義的な説明順序に反対する〕とは言っても、この意味でのプラグマティストが表象という概念とはもう付き合わないということにはならない。このことが言っているのはせいぜい、表象について述べるのは物語の最後になされるべきであり、物語の始めになされるべきではない、ということにすぎない。

いったん、巧妙な実践と明示的な表象との間の対比がきちんとなされて、さまざまな営為の文脈でのそれら〔実践と表象〕の説明上の相対的優先度についての問題が提起されたならば、基礎的プラグマティズムと認知科学の関係についての問題が発生することになる。というのも認知科学は、その本来の憲章理念のようなものとして次のような認識を有しており、〔このことから〕認知科学の手法は行動主義の手法とは区別されるからだ。それはつまり、表象に訴えてさまざまな実践的認知能力を説明するということこそがまさに説明能力を有しているのだ、という認識である。ヒューバート・ドレイファス（Hubert Dreyfus）は、ハイデガーが『存在と時間』のプロジェクトに着手する動機となった基礎的プラグマティズムについて考察し、認知科学の方法論は基礎的プラグマティズムの洞察とは両立不可能であるという結論を導いている。彼は正しいのだろうか。

ここで私は思うのだが、知恵の始まりは、私たちの語っている表象や規則や明示性が人格的（*personal*）レベルのものなのか亜人格的（subpersonal）レベルのものなのかによって大きな違いが生じると悟ることにある。これは、ある部分では、プラトン主義者が実践における適切な作法を明示化するために訴える規則を、問題の実践の遂行者が従っているもの（これは人格的レベルのものであろう）として解釈するのかどうかの問題である。それとは対照的に、認知科学は、さまざまな能力を因果的に説明するという役割を持つ、亜人格的表象を措定する。そういった表象が実践を導くのは因果的な意味においてであり、規範的な意味で導くということが真っ先にあるのではない。人格的レベルにある基礎的プラグマティズムと、認知科学がしている亜人格的レベルの表象の活用との間に衝突があるという（あるいはともかくあるはずだという）、ドレイファスが少なくとも時々考えているらしいようなことが、はっきりしているわけではまったくない。ここでの重要な問題のひとつは、実践に陰伏しているものと、原則、規則、表象において明示的になっているものとのあいだの区別という観点から基礎的プラグマティズムが明確化される場合、「明示的」という言葉によって何を意味しているのかということである。（セラーズが主張するように）規則に従っていることになるためには、さまざまな規則の表象が決定的に重要である。そうした文脈では、表象とはすなわち明示性のとる形式なのだと考えられる。しかし、亜人格的レベルに相応しい意味で表象について考えるならば、表象という観点から明示性を解明するというのは良い考えではない。ここでは、他でもなくとりわけ命題的とされる表象の考え方が鍵を握る。そして（デイヴィドソン（D. Davidson）や『明示化』（*Making It Explicit*）の著者〔つまりブランダム自身〕のように）、人格的レベルの表象が命題という形で内容を持っているという〔のと同じ〕意味で命題という形で内容を持っていることになるに値するものは、亜人格的レベルにおいては何もない、と主張する道がプラグマティストには開かれている。そうした見解に基づけば、信念は亜人格的レベルの概念ではない[5]。

基礎的プラグマティズムと、表象に訴える認知科学の手法との関係を理解するためには、三つのレベルを区別すべきである。

（a）亜人格的表象
（b）広い意味では認知的と言える実践的能力（実践）
（c）人格的レベルの表象

レベル（c）は、明示的で、正真正銘に命題的なレベルである。このレベルにおいて、レベル（b）の段階では陰伏的であるものを表現可能な規則や原則が定式化される。レベル（b）は実践的志向性であり、レベル（c）は言説的志向性である。レベル（a）はレベル（b）を因果的に説明する。そして、認知科学の多くは、こうした因果的説明が詳しくはどのようになされうるのかに関心を寄せる。基礎的プラグマティズムの主張は、レベル（c）はレベル（b）の観点によって理解され、説明され、解明されることになるというものだ。認知科学は、亜人格的な内的表象を措定することによって、さまざまな種類の巧妙な実践や能力を説明するということに勤しんでいる。どうやらドレイファスは、そうした手法は初期ハイデガー（と後期ウィトゲンシュタイン）が受け入れていた種類の基礎的プラグマティズムとは相容れないと考えているようだ。しかしその見解は間違っている。基礎的プラグマティズムと相容れないことは何かというと、それは、（a）の観点によって（b）を説明しようとすることではなくて、（c）の観点によって（b）を説明しようとすることなのである。(6)

4　道具的プラグマティズム

私は、これまで「基礎的プラグマティズム」と呼んできた方法論的コミットメントを大まかに定式化するということを何度かしており、その都度わずかな違いはあるのだが、そうした定式化のうちのひとつに、実践に陰伏する規範を前もって理解するという観点にもっぱら立つことによって、規則ないし原則という形で明示的に表象される規範について考える〔のが基礎的プラグマティズムだ〕、というものがある。こうした特徴づけには、基礎的プラグマティズムをカントの規範的転回という文脈に位置づけられるという利点があるし、じっさい私はこれまで、古典的アメリカン・プラグマティストたちについて考える際にはそう考えるべきだと主張してきた。志向性の規範的次元をめぐって基礎的プラグマティズムを支持する代表的論法は、後期ウィトゲンシュタインを通じてよく知られている〔無限〕後退の論法である。その論法は要するにこういうことだ。規則ないし原則として明示的に表象される規範という観念それ自体が、実践に陰伏する規範という観念を前提している。というのも、規則を適用するということは、それ自体が、正しくなされたり誤ってなされたりすることの可能な何かだからである。さらにその規範的評価が、何か他の規則を適用するという事柄（これをウィトゲンシュタインは「解釈［Deutung］」と呼んだ）としてしか理解できないならば、私たちは実りのない後退を始めてしまう。これもまたカントがすでに了解していた論点であり、この点はカントの、概念を（判断に対する）規則とみなすという革新的な規範的解釈の本質的部分を成している。

悟性（understanding）一般が規則の能力とみなされるならば、判断力（judgment）とは規則の下に包摂する能力となるだろう。つまり判断力とは、あるものが、与えられた規則に当てはまる事例（*casus datae legis*）であるか否かを判別する能力なのである。一般論理学は判断力に対するいかなる規則も含まないし、含みえない。［…］こうした規則の下にどうやって包摂することになるのか、つまり、どうやって規則に当てはまるものとそうでないものを区別することになるのかということついて、一般論理学が一般的指針を教授しようとしたとしても、それはただ、また別の規則によって可能になることでしかない。この別の規則が今度は、まさにそれは規則であるのだから、再び、判断力に指針を要求することになるのだ。そしてそれゆえ、悟性は指針を教授されて規則を身につけることができるけれども、判断力は、実践的に運用されるということだけが可能で、教授されるということが不可能な特殊な能力であるように思われる(7)。

古典的アメリカン・プラグマティストたちの規範的基礎的プラグマティズムは、ジョン・B・ワトソン（John B. Watson）、B・F・スキナー（B. F. Skinner）、ギルバート・ライル（Gilbert Ryle）の記述的／傾向性的行動主義を拒絶する点では認知科学に合流する立場である。しかし、その拒絶の理由は異なる。内的な表象を措定することに対して〔行動主義が〕反感を抱いているからではなく、むしろ、言説的志向性の背景を形成する実践的志向性が持つ本質的に規範的な性格を、行動主義者たちがわかっていないからなのである。ウィトゲンシュタインが「行動主義者」と呼ばれてきた理由には、内的な表象に訴えるたぐいの説明に対して彼が反感を持っていたからということもある。このような仕方で述べることが招く主たる危険とは、彼が、実践的志向性の観点から言説的志向性について考えようと私たちに迫る文脈で、実践的志向性の社会的性格のみならず、特に規範的性格についても強調しているということが見過ごされてしまうということだ。こうした点では、ウィトゲンシュタインは、古典的アメリカン・プラグマティストや、さらにはカントと同じ括りに入る。彼は、還元的な、記述的／傾向性的行動主義の側には立たないのだ。

しかし、古典的アメリカン・プラグマティストは、正確にはどのように、実践的志向性に陰伏する基本的な種類の規範性を理解しているのだろうか。〔そうした規範性は〕すなわち、ある種類の巧妙なノウハウであり、言説的志向性や、言説的志向性ならではの種類の規範性が、それの一種として理解されることになるだろう。この問題に対する明快な答えは、これについて最も洗練された取り組みをしていたデューイの思想からでさえ、容易には導き出せないと思う。最も一般的な言い方をすれば、その応答が、学習と進化に共通する選択・適応の構造に訴えるという形式をとることになるのは明らかだ。私たちがそれによって言説的志向性を理解することになるようなそうした種類の実践的志向性に特徴的な規範は、この〔選択・適応の〕構造を示す経験の発展過程に遍在しており、この過程のなかで作り上げられている。現代では、こういった路線の議論に沿った説明をうまく成り立たせる方法の実例がある。〔そうした〕素晴らしい例のひとつにルース・ミリカン（Ruth Millikan）の説があり、この説は固有機能（Proper Function）という形で、規範を、洗練されていて陰影に富んだ仕方で構築している。〔ミリカンの言う固有機能は、〕再生産される形質集団が形づくられる選択的過程についての様相的な反事実的主張によって定義される。(8)（ミリカンはセラーズの教え子であり、自分で自覚している通り、チャールズ・モリス（Charles Morris）から着想を得ている。彼女の本はモリスに捧げられているのだ。モリスはジョージ・ハーバート・ミード（George Herbert Mead）の教え子で、ミードはさらにジェイムズの教え子でありかつデューイの同僚であった。）私が思うに、古典的アメリカン・プラグマティストたちならば皆（そしていま言及したその追随者たちも同じく）、自分たちの思想の根底に流れていた考えをミリカンが注意深く昇華してくれたことを歓迎し、これを受け入れたであろうと考える理由は十分にある。しかしもちろん、その詳細な説明は彼らの時代にはなかった。それがなかったがために、彼らは〔問題のある〕定式化に陥ってしまうことが非常に頻繁にあり、そのせいで、この運動の最初期からプラグマティストたちは、批判者たちから、本来の理論とまったく無関係ではないにしても相当に異なる理論にコミットしているとみなされ、しかもそれこそがプラグマティズムの手法の中核であると捉えられてきた。

私がいま念頭に置いているのは、「真理とはうまく働くもの」というF・C・S・シラー（F. C. S. Schiller）の標語（スローガン）で表現されている考えである。これはデューイが「道具理論（the instrumental theory）」ないし「道具主義（instrumentalism）」と呼ぶものである。デューイはこの考えを、次のような一節のなかで受け入れている。

ある見解ないし考えを社会的信用に基づいて真なるものとして受容することは、道具理論に基づけば何を意味することになるだろうか。そうした受容それ自体がうまく働くのだということを意味するはずであるのは明らかである(9)。

実験主義者（experimentalist）が意味していることは何かというと、ある考えが効果的に働くこととその考えが真であることは同一のことであるということ、つまり、この〔効果的な〕働きは、〔その考えが〕真であることの原因でも証拠でもなく、まさにその本性に他ならないのだということである(10)。

当然ながら、プラグマティストは、自身の理論が真であるということを、プラグマティックな真理の意味合いにおいて主張する。この〔真とされる〕理論は、うまく働き、問題を解消し、曖昧さを払拭し、個人と人生の関係をより実験に根ざしたものにし、また、その関係から独断や〔本当は疑っていないのに無理矢理に疑うような〕恣意的な懐疑を減じさせる。さらに、哲学的な方法は科学的な方法と手を取り合う。そして〔この理論は〕火のないところに煙を立てるような認識論の問題とは手を切り、論理学の理論を明断にしたり組み立て直したり、などのことをする。プラグマティストは、自分の理論が真であるということはこのようにさまざまな仕方でうまく働くことに存するのだとすること、そして、静的で分析不可能で検証不可能で、働きを示していない性質を誇らしく保有することなどは主知主義者に委ねておくことに、非常に満足している(11)。

そしてジェイムズは、次のようなことを述べている。

私たちは日本に行ったことがないが、日本は存在していると仮定している。そう仮定することは**うまく働く**し、私たちが知っていることはすべて、そう信じることと持ちつ持たれつの関係にあり、何もそれを妨げるものはないのだから〔…〕[12]。

プラグマティズムの原則に基づけば、神という仮説が、この〔「うまく働く」という〕言葉の最も広い意味において満足にうまく働くのならば、それは真である[13]。

意味論的規範は、道具的観点から、つまり有用性の観点から、理解される。信念などのような真偽を評価されうる状態というのは、具体的な状況において利用可能な他のものとともに使われるなかで、適切さや便利さが増大したり減少したりしうるものである道具のモデルに基づいて、望まれている目標や目的に相対的なものと考えられるのである。デューイの用語法を踏まえ、この手法を、意味論的規範についての「道具的プラグマティズム」と呼ぶことにしよう。古典的アメリカン・プラグマティズムにおける道具的プラグマティズムについて考える際には、ふたつの基本的な点について明らかにしておくことが肝要である。第一点は、それは根本的には、真理についての理論としてではなく、意味についての理論として理解されるべきだということである。道具的プラグマティズムを真理についての理論として繰り出したとしても、プラグマティストに益はない。〔道具的プラグマティズムの〕その大まかな考えは、基礎的プラグマティズムの考えである。つまり、信念などの志向的状態が内容を持つことは、それらの志向的状態が当の状態の保持者のすることにどう寄与するのかという観点から理解されるべきだ、という考えである。そして〔そこに付け加わる〕新しい要素とは、行為することが有目的的である、つまりある種の目標を、ある欲求や必要の充足を、目指していると考えられていることである。行為に成功することと、その〔目標達成の〕プロセスにおいて果たす役割によって内容を得ていると考えられる〔信念などの〕ものが真であることとを同一視するのは、さらなる一手、あえて選択してもしなくてもよい一手である。この一手は、これまでの考えの根底にあった意味と内容についての説明に影を落とすおそれがある。

第二点は、志向的状態が内容を持つことについての〔道具的プラグマティズムの〕理論は機能主義的な説明となるということである。道具的プラグマティズムは、信念や欲求や意図などの状態の内容についての、包括的な全体論的機能主義である。包括的というのは、目下検討中の機能システムが、生物と、生物の暮らす環境全体から成るという点においてである。そうした機能システムにおいて、そのシステム内で見受けられる状態や行動遂行の内容を決定づけるのは、知覚し、思考し、そして環境を変容させる介入を経た上でその相互作用の結果を知覚するというサイクルを繰り返すことによってそのシステムが発展してゆくという〔一連の〕プロセスにおいて果たす役割なのである。これは、経験という一連の過程のなかで、つまりは経験という用語でヘーゲルが意味していたことを大いに自然化させたもののなかで果たす役割である。ところでさらに、こうした経験の捉え方は、（合理的に〔コミットメントを〕敷衍したり、批判したり、正当化したりすることによって）統覚の構造や統一性を示す何かを統合によって導くというカントの述べていたプロセスを引き継ぎながらも、すでにどこかしらそれに自然化を施してあるものなのであった。この種のプロセスに含まれているものは、〔まずは〕ある時点の現にある状況についての未充足感覚、〔次に〕その未充足感覚の本性を診断し、それに向き合い、それを取り除こうとする試み、〔そして〕すべてがうまくいったあかつきには、そうした未充足の明晰化とその解消が同時になされるという——古い状況を新しい状況へと変容させるのだが、この新しい状況がまた別の仕方で未充足を招くという——プロセスなのだ。そのようなカント的起源は、道具的プラグマティズムの定式化の仕方次第でとりわけありありとわかるようになる。ジェイムズによる定式化をここに紹介しよう。

経験に生じた新しいものをすでに貯蔵されている信念に同化させたい、という個人の欲求を新しい見解が充足すればするほど、それに比例して、その新しい見解が「真である」と考えられるようになる。新しい見解は、古い真理に依拠しながら新しい事実を捉えているものでなければならないし、また、その見解が〔…〕このことに成功するか否かは、その個人による評価の問題である。そして、古い真理が新しい真理の追加によって成長する場合、そうなるのは主観的理由によるる。私たちはそうしたプロセスの中にいて、〔主観的〕理由に従っているのだ。私たちの二重の衝迫（double urgency）を満足させるという機能を最も的確に果たす新しい観念こそ、最も真なる観念である。そういった観念は、それ自体の働き方によって、自らを真とする、つまり、自らが真であると分類されるようにする。そしてさらに、その観念自体が古くからある真理の集合体に継ぎ足されてゆき、そうすることで真理の集合体は、樹木が新しい形成層の活動によって生長するのとまったく同じように成長してゆくのである(14)。

堅固な実在との摩擦は、この種類のプロセスの欠くべからざる要素である。それはつまり、ジェイムズの言う「二重の衝迫」における客観的要素だ。フィードバック調節を施された実践は、もろもろの対象や出来事、世界の事態を本質的に含んでいるという点で「分厚い」。世界のうちの幾ばくかが、そうした実践のうちに、そうした能力の行使のうちに組み込まれている。この点で、そうした実践は、自然界における記号デザインもしくは個別の項目としてだけ考えられた場合の語や文、つまり、それらが指示ないし表象する対象や事態を特定することとは独立に特定されうるという点で「薄い」語や文とは、対照的である。〔実践が「分厚い」〕というのは、例えば、二枚の板をハンマーと釘で貼り合わせるという実践がどういうことなのかは、その当該の板や釘やハンマーに言及せずには言うことができないというような理由ゆえである。デューイは、プラグマティズムの意味論の分厚さこそ、それより伝統的な薄い意味論に対してプラグマティズムの意味論が持つ重要な利点のひとつであると考えている。意味についての機能主義に注目するのではなく、成功が真理の尺度であるとする考えに〔ばかり〕注目してしまい、さらに、ここで考えられている機能システムというものが、環境と相互作用している生物の方だけでなく、生物がそのなかで作用していて、生物から作用を受けている環境をも包含するのに十分なほど広いということをきちんと踏まえられていない場合、道具的プラグマティズムは、真理にとって重要な事柄というのは主観的な感じよう（feelings）だけであり、客観的な制約など消失する、という根本から主観主義的な見解なのだと誤解されてしまうだろう。こうした〔主観主義的〕見解は、私が「なまくらな（vulgar）」プラグマティズムと呼ぶものである。すでにジェイムズは『プラグマティズム』（*Pragmatism*）において、こうした不格好で還元的な読み方について不平を漏らしている。

シラーは、真なるものとは「うまく働く」ものである、と述べている。それゆえに彼は、検証というものを最低限度の物質的有用性に限定する人物であるとされている。デューイは、真理とは「満足」を与えてくれるものである、と述べている。彼は、仮にそれが真ならば喜ばしいであろうというものすべてを真と呼ぶことを信奉している人物であるとされている。[15]

そしてジェイムズは、『真理の意味』（*The Meaning of Truth*）（私の解釈では、この本は『意味についての真理』（*The Truth about Meaning*）という題名だったほうがよかったと思う）の大部分を、こうした読み方を打倒することに費やしている。こうした主観主義に引きつけてしまう読み方に対して、デューイは次のように応答している。

生徒：【反論その九】　プラグマティックな基準が満足な働きをするのだとしても、それでもこれは純粋に個人的（personal）で主観的なものです。私を喜ばせてくれる働きをするものは何であれ真である。こういうことがあなたの結論なのでしょうか（この場合、社会的な関係についてあなたが言及しているとしても、それは根底においては、たくさんの純粋に主観的な満足を指しているにすぎません）。あるいはそうでなければ、あなたは無意識に、私たちの本性のうちに、満足されねばならない知的な部分があることを前提しているのでしょう。そして、そこが満足させられることこそが真であるということなのでしょう。そうやってあなたは、主知主義的な基準を容認してしまうのです。

教師：【応答】　私たちは、出発地点、つまり満足の本性というところに戻ってきたようだ。どうやら主知主義者はこう考えているらしい。すなわち、プラグマティストは、判断をしたり判断をテストしたりすることのなかには人間的な欲求や目的や〔自己〕実現（realization）といった要素があると主張するのであるから、それゆえ個人的でない要素は否定されている、と。しかしプラグマティストが主張していることというのは、人間的要素は環境的要素と協働しながらうまくやってゆかねばならないということであり、〔人間的要素と環境的要素の〕両者の相互適応は〔両者の〕「対応」でありかつ「満足」なのだということである。人間的要素が無視・否定されていたり、（改めて言うが、どういう意味であれ）単なる心理的なものとしかみなされていなかったりすれば、この人間的要素は無責任な仕方で出しゃばってくるだろう。特に哲学において、横暴なほど恥知らずなプラグマティズムがのさばると、最も野心的な主知主義的体系が、ただその体系を考案し、受容する人たちに個人的な安心感をもたらすからというだけの理由で受容されてしまっているのを目にすることになるだろうし、実際に今そうなっている。人間的要素をきちんと認識せよ。そうすれば、〔ある信念を〕信じる者はその信念の帰結すべてを受け入れねばならないということ、さらにその信念の意味ないし帰結を明らかにするには、その信念に基づいた行為を通してその信念が試されねばならないのだ、ということを主張するプラグマティズムが手に入る[16]。

ある考えや計画の正しさの基準、あるいはそれが真であることの基準として「私たちの要求（ニーズ）」に言及している箇所では、そうした誤解が現実のものとなりうるように思う。〔デューイの〕論文集〔『実験論理学論考』（*Essays in Experimental Logic*）〕によれば、状況の要求こそが決定的である。状況の要求が、思考と、知ることとの要求を喚起し、その状況のなかでのみ、そうした要求を自己と同一視するということが生じる。さらに、周囲の状況のなかで行為者がどのような位置づけにあるのかを熟考することによってのみ、その行為者の要求の本性が決定できるのである。事実、妨げがあって不完全で、要求が満たされていない状況が実際に生じているということこそが、次のことを指し示す。すなわち、私の目下の要求は、まさに、調査し、探査し、追跡し、今は互いに絡まり合っている物事を解きほぐし、将来を見据え、計画を立て、案を出して、そして、そうやった結果が強固（ハード）な事実に対処する方法としてどのように役立つのかを見極めることによって、その結果をテストすることなのだ。要するに、経験というものを〔主体を〕取り巻く言説空間として語る、ということが必要になる理由のひとつは、「自己」「私の」「要求」「満足」などといった言葉を、その言葉の意味がその言葉そのものによって、あるいはこの上なく大規模な弁証法を経て他の言葉を参照することによってすら受け入れられたり明らかにされたりしうる言葉としては捉えないようにするためなのである。(17)

ここでデューイは、〔満足を目指して〕努力を続けている知識‐行為主体だけでなく〔それを取り巻く〕環境をも包摂した発展し続ける機能システムを考える、という点で機能主義が包括的であることが重要だということを強調しているだけでなく、そういった機能主義が含意している、内容についての全体論（ホーリズム）をも強調しているのである。信念が、他の信念たちとは独立に、かつ、経験のサイクルに参入するよりも前から有しているような、しかもその上で、当該の経験のサイクルがうまく結論に至る場合にはプラグマティストの基準によって真であると判断されうるような、前もって特定可能な確定的内容など存在しない。むしろその信念は、同時に生起している諸状態と調和しながら、信念主体とその周囲の世界のあいだのやりとりのなかで果たしている役割を果たすことによって内容を得ている限りにおいてのみ、まさにそれが有している当の内容を有するものとして理解可能なのである。

信念について言えることは、欲求についても言える。目標や目的自体は、この全体的なシステムとその発展プロセスにおいていかなる役割を果たすのかということとして、内容を持つと理解されることだろう。そもそもは曖昧な不充足として始まったのかもしれないものでも、それ自体が、経験という一連の過程のなかで明晰化されうるのであり、その過程のなかでは、事物がどのようであるかを発見することと、人が何を欲するのかを明らかにすることは、ひとつのプロセスの二側面なのである。要求や要望を充足すること、目標や目的を達成することは、道具的な解釈に基づけば、規範性の根源である。すなわちそれをすることが、「うまく働くこと」なのである。しかし、それらが何であるのかということは〔私たちが作業を進める際に携えている信念の内容と同様〕、それ自体が、探究の途上で確定されるべきことの一部である。ここで「確定される」と言っているのは、それまで以上に確固として定まるということと、〔新たに〕発見されるということの両方の意味においてである。前者の見通しは将来を見据える観点から得られ、後者の見通しは過去を振り返る観点から得られる。どのようにして、そうした規範・基準と、その規範・基準に照らして査定されるものとが、経験という一連の過程のなかで一緒に発展するのだろうか。それを明らかにするとともに、自分でもそれを明瞭に理解しようとするという二重のプロセスに、デューイは多大な労力を費やした。私には、いずれの仕事についても彼がうまく成功したとは言えないように思える。しかし、彼が追求していた重要な思想というものがあると考えている。それはつまり、確定的な概念的内容の捉え方を明確化する言説的規範性は、本質的に歴史的な観点から見た透視図法的な構造をしているのだという思想である。私は、これこそ、ヘーゲルの捉え方による経験を理解する鍵でもあると考えている。私は自分でも、この捉え方を明晰にすることとそれについて自分で明瞭に理解することの二重の仕事に相当の努力を費やしてきた。そこからどういった成果が得られるのかはまだわからない。そうした努力を、この場で繰り返すことはしないでおこう[18]。

デューイやジェイムズの道具主義は、「パースの原則」としばしば呼ばれているものを具体化する、ひとつの（採用してもしなくてもよい）方法として生じている。〔パースの原則とは〕つまり、主張の意味とは、その主張を採用することで行為に生じる違いのことだ、という原則である。実は、私が『明示化』の第八章で論じたように、何をやろうと試みるのかに関して生じる違いを書きとめる帳簿と、何をすることに成功するのかに関して生じる違いを書きとめる帳簿とを分けておくことによって、パースの原則を二股に枝分かれさせておくならば、この原則からもっとたくさんのことを引き出せる。この枝分かれのうちの前者は、言表的な（*de dicto*）実践上の違いを与えてくれる[6]。後者は、事象的な（*de re*）実践上の違いを与えてくれる。パースの原則をもっと明確化することによって、これら二種類の帰結の間にある、密接な、社会的な透視図法的関係――この意味では、両者は一枚のコインの表と裏なのだ――を考慮に入れられるようになれば、古典的アメリカン・プラグマティストたちがひねり出した説明よりもはるかにきめ細やかな、概念的内容についての説明が可能になる。しかし、そのことについて述べるのも別の機会に譲ろう。歴史的な視点からなされる、将来を見据える（明晰化としての確定という）観点と過去を振り返る（発見としての確定という）観点のあいだの区別と、社会的な視点からなされる、コミットメントを帰属させること（言表的）とコミットメントを引き受けること（事象的）のあいだの区別を組み合わせることこそ、私が主に提案したい、古典的プラグマティストの考えとともに前進する方法のひとつなのである。

5 言語論的転回

分析哲学の動きは短く見積もっても二〇世紀後半のあいだ英語圏哲学を席巻したが、分析哲学の立場から古典的アメリカン・プラグマティズムを回顧すると、決定的に誤った転回がパースの後に続いたというように思われやすい。このプラグマティズムの創設者〔パース〕は、主に、近代的な論理学や、記号言語〔形式言語〕や自然言語、そして自然科学についての哲学的な理解を進展させることに関心を寄せた。これらはいずれも、分析哲学の伝統の中心にあり続けることになった論題である。パースは自身の関係の論理学[7]において、ラッセルがフレーゲの論理学に見出した莫大な表現力の金脈と同等の成果を、独自に達成していた。しかし、彼の後継者であるプラグマティストたちは、この成果を引き受けて何を成しただろうか。特にラッセルがフレーゲの論理学を引き受けて成したことと対比してみると、当時の物事をよく見通せるようになった後世の人間の目には、〔プラグマティストたちがパースの論理学を引き受ける〕機会を逸してしまったように思われる。ジェイムズは論理学にさほど関心を示さず、それについてはほとんど何も書いていない。これは、彼の同僚でヘーゲル主義者であったジョサイア・ロイス（Josiah Royce）とは対照的であり、ロイスは、アルフレッド・ブレイ・ケンプ（Alfred Bray Kempe）（ロイスはケンプのことについて、パースから学んだ）の代数的な〔図形〕構築〔の理論〕のなかには、純粋に概念的な基礎から時空間の関係を構築する方法を明らかにするという難問を解くために使える道具があるのではないかと考えていた。[19] デューイが晩年に著した重要書は論理学を主題としていたが、フレーゲ、ラッセル、カルナップの著作に見られるようなものこそ論理学の典型と思っていた一九三八年当時の読者には、そのようには認識されなかった。[20] 当人の論理学への関心がプラグマティズムの伝統に適合しており、その伝統の延長線上にあると認められていた唯一のプラグマティストは、アメリカが生んだ新カント主義者のC・I・ルイス（C. I. Lewis）である。ルイスは二〇世紀の様相論理の創始者であり、自分の仕事は自身の師であるジェイムズとロイスのやってきたことを統合する試みであると考え、自らもまたプラグマティズムの考えを、教え子であるクワインやネルソン・グッドマン（Nelson Goodman）に伝授したのであった。

またさらに、ジェイムズは確かに古典的プラグマティズム三傑のなかではとびきり最良の文筆家であったが、彼の哲学的関心は言語ではなくむしろ経験に集中していた。デューイの方は確かに言語についてたくさんのことを書いており、言語こそ、デューイが「道具のなかの道具」と呼んだものである。[21] デューイは、意味と使用の関係について、（特に『経験と自然』の第五章で）たくさんの素晴らしいことを述べている。しかし彼もまた、後世の言語哲学者には、言語哲学者の仲間の一員としては認識されないはずだ。科学に関して言えば、ジェイムズとデューイは、科学や科学哲学に注意を払わなかったわけではない。しかし、パースが自然科学を重視したのに対して、ジェイムズの貢献は心理学の側に偏っており、また、デューイの主要な関心は社会科学の方にあった。

本章において私は、「言語論的転回」という言葉によって、言語を哲学的関心の中心に据えること、そして、哲学的問題を定式化する際に言語がどのように用いられているのかという観点からまずそれらの問題を理解するということを意味している。しかし、言語が有すると考えられる、もっと特別な意義が存在する。「言語主義（lingualism）」（「合理論〔（理性主義）〕（rationalism）」と比較せよ）という用語――これが不格好な用語であることは認めるが――によって、概念的な能力（つまり言説性一般）を言語的な能力の観点から理解するということへのコミットメントを意味することにしよう。マイケル・ダメット（Michael Dummett）は、こうした順序によってなされる説明の強いバージョンの好例となっている。

> 私たちは、確言（assertion）を判断という内的行為の表明とする見解に、徹底的に反対してきた。むしろ判断が、確言という外的行為の内在化なのである。[22][8]

弱いバージョンの言語主義は、言語は言説性（discursiveness）の必要条件であると主張するにとどまるものである。言語というものが、少なくとも原則的には言説的コミットメントについての語りとは独立に理解可能になりうる〔言説性の〕十分条件である、などとは主張しない。

パース以後のプラグマティストたちは言語論的転回を逸してしまったのだと結論づけてしまうと、間違いになるだろう。事実、少なくともデューイは、明らかに、言説的なものについての〔弱い〕言語主義者である。プラグマティストたちがしたことは、言語という極めて重要な現象をまた別様の手法で理解するという文脈で、こうした〔言語主義的な〕思想を発展させることであった。そしてこの手法というのは、分析哲学の伝統に沿った言語理解の手法に対して補完的であった。言語に対する、フレーゲ＝ラッセル＝カルナップ的な研究手法は、明示的な規則によって分節化された人工的・形式的・論理主義的な言語を、言語の典型とみなすものである。〔古典的〕アメリカン・プラグマティストたちは、仲間の基礎的プラグマティストたち、つまり、『存在と時間』のハイデガーや『哲学探究』のウィトゲンシュタインと同様、自然言語に取り組んでおり、彼らは自然言語を、〔人間という〕特定の種類の存在についての自然史に含まれる諸相として、人類学的に捉えている。彼らが最初に注目するのは、意味ではなく、使用である。つまり、言説的な実践や技術、能力に、すなわち、物事がしかじかであるということを言ったり考えたりしているとみなされるためには、何をすることができねばならないか、ということに注目するのだ。

　これらふたつの手法は、それぞれにどういった説明の順序を好んでいるかによって区別されると考えられる。つまり問題は、意味論（セマンティクス）（意味の理論）か、語用論（プラグマティクス）（使用の理論）か、どちらが先に来るのかということだ。論理主義的な伝統は、意味論から先に始める。すなわち〔まずは〕、何かしらの種類の意味論的解釈項（典型的には、外延である）と基本的な表現との結びつきを規定し、もっと複雑な表現のために〔さらなる〕結びつきを導き出すということをしたり、あるいは、導出のための基本的な規則を規定したうえで、それらが組み合わさっていかなる帰結関係を確定するのかを見るということをしたりする。そしてそのうえで、そうした規則によって支配されている表現をどのように使用するのが適切なのかという問いは後に続く語用論の理論に委ねられるが、この思想の流れにおいては伝統的に、語用論には大した注意が払われていなかった。それとは対照的に、プラグマティズムの伝統においては語用論、つまりまさに、どのように表現を使用することが適切であるのかについての説明が先に来る。そして、プラグマティストたちは伝統的に、そのような語用論とともにある意味論の詳細について大した注意を払ってこなかったということも確かなのである。

しかし、語用論と意味論の関係についての基礎的プラグマティストたちの理解の仕方を支配する、ふたつの原理が見て取れるように思う。言語哲学におけるプラグマティズムの本質は、意味論は語用論に応答しなければならないという主張にこそ存しているが、それらの原理は、そうした意味合いでのプラグマティズムの持つ相補的な〔ふたつの〕側面を表現しているのだ。第一の原理は、私が「方法論的プラグマティズム」[9]と呼んできたものである。〔すなわちこれは、〕意味、外延、内容、あるいはその他の意味論的解釈項を言語表現に結びつけることの眼目は、適切な使用の作法を成文化する（つまり明示的に表現する）ことだ、という原理である。思うに、この方法論的原理へのコミットメントは、後期ウィトゲンシュタインのような意味論的ニヒリストにおいてすら認められる。というのも、言語など雑多な寄せ集め（motley）だと述べることによってウィトゲンシュタインが意味したことのひとつは、次のことであるからだ。すなわち、どの表現にも非常に多くのさまざまな使用法があるので、それに基づけばその多様な使用法を一様に導き出せると期待できるような〔各表現の〕根底的な意味に結びつけることによって、それらの使用を体系化できる（そうして例えば、直説法的な使用についてはある規則を、命令法的な使用についてはまた別の規則を、仮定法的な使用についてはまた別の規則を適用すればよくなる）などという見込みは現実的にはありえない。こうした使用の多様性が、果てしない、計り知れないものであるならば、哲学において意味論的な理論化が果たされる見込みはないことになるが、そうなってしまうのはまさに、そうした理論化の唯一の眼目が、そうした適切な使用の作法を体系化することのはずだからである。

　意味論は語用論に応答しているべきだといってもそれはどういう意味合いにおいてなのかということに関する、プラグマティストたちの理解を支配している第二の原理は、私が「意味論的プラグマティズム」と呼ぶものである。それはすなわち、自然言語において意味、内容、外延、規則、その他の意味論的解釈項を言語表現に結びつけるものは、言語をあやつる実践主体たち自身によるそうした表現の使い方だけだ、という原理である。人工言語のための形式意味論は、意味論的なメタ言語を研究する意味論の理論家の手で意味についてのそうした規則や結びつきの明示的な規定を定めて、それでよしとすることができる。〔他方で、〕自然言語のための哲学的意味論は、次のことを述べる責務がある。すなわち、それらの表現の使用者たちが従事している実践や行使している能力にまつわる、いったい何のおかげで、それらの実践・能力はくだんの規則によって支配されていると、あるいは、くだんの意味を与えていると理解されるのか。意味論的プラグマティストたちは、意味についての使用－機能主義（use-functionalism）の一種である（古典的アメリカン・プラグマティストたちは、私があの〔包括的という〕修飾語で特徴づけてきたそのような意味合いにおいて、包括的な機能主義者なのである）。さらに、当人の実践を考え合わせると、後期ウィトゲンシュタインのような意味論的悲観論者にすらそうした原理へのコミットメントを認めることができる。それはまさに悲観論者が、意味や内容についてのさまざまな伝統的考え方を、こうした要求に応えられないことを理由に批判していることによる。そしてそうした種類の戦略は、主知主義的かつ心理主義的である伝統的なものの見方に対するデューイの批判にも同じく明らかに見られる。

意味論は語用論に応答していると考えられるということは、方法論的プラグマティズムと意味論的プラグマティズムという二通りの意味合いで捉えられるが、この両者を組み合わせたものは、広く解釈すれば、「言語的プラグマティズム」と呼べるだろう。これは、言語についての体系的な理論化に基礎的プラグマティズムを適用する自然な方法のひとつである。最近の哲学者たちのなかでいうと、このような〔方法論的プラグマティズムと意味論的プラグマティズムの〕複合型の学説を最も明確かつ熱心に主張している論者のひとりはダメットである——とはいえもちろん、ダメットは自身の学説をプラグマティズムと結びつけてはいないのだが。

クワインはカルナップによる言語の二段階図式〔の理論〕を批判する際に、言語哲学の分野において、こうした大まかにいえばプラグマティズム的な伝統を前面に出している。カルナップの二段階図式〔の理論〕によれば、まず最初に意味が規定によって定められて、その後からでのみ、そうした意味を伴う文のうちのどれが真なのかを確定する理論が定式化される。こうした分業は、人工言語に対してはい納得のゆくものだ。しかし自然言語を理解するには、私たちがしているひとつのこと、つまり言語を使用するということが、いったいどのようにして、私たちの表現の意味をこれと定めることと、そのうちのどの表現を真とするのかを確定することの両方に同時に役立ちうるのかを理解しなければならない。言語実践は、カルナップ的な種類の言語／理論の区別あるいは意味／信念の区別を措定したところで、明らかにはならない。クワインは、カルナップについて論じた早い時期のある論文を、次のような有名な文章で締めくくっている。

私たちが父祖から受け継ぐ伝承は文の織物である。［…］それは白みがかった灰色の伝承で、事実によって黒く見える箇所と規約によって白く見える箇所がある。しかし私は、この織物の中に真っ黒な糸がある、あるいは真っ白な糸がある、と結論づけるためのしっかりした理由はまったく見つけ出せていない(23)。

カルナップに対してこのようなプラグマティズム的な反論をしたとき、実際のところクワインは、自分ではそうと知らずに、ヘーゲルがカントを超えて進めた重要な歩みのうちのひとつを反復していた。カントにとって、認知的活動であれ実践的活動であれ、私たちの経験的活動はすべて、言説的活動である。可断的内容と実践的格率を受け入れる際に、知識や行為の主体は概念を適用している。それによって、例えば反省についての判断によって、さらなる概念が発展してゆくこともあるけれども、ともあれ何かを統覚的に意識する（*aware*）ためには、常にすでに概念を有していなければならない。ヘーゲルの考えによると、カントは、彼にしては珍しく、しかし罪深いことに、私たちの原初的な概念の起源について批判的でなかった。ヘーゲルの考えでは、原初的な概念の在り処は言語のなかなのであって、前言語的なものと理解される何かしらの種類の経験のなかではない。ヘーゲルいわく、言語とは、精神（*Geist*）の定存在（*Dasein*）、すなわち、規範的に明示化された言説的領域全体の定存在である。[24] これを次のようなデューイの主張と比較せよ。

言語とは、その最も広い意味において捉えるならば――つまり例えば記念碑や儀式や様式化された芸術などのあらゆるコミュニケーション手段を含んだ意味において捉えるならば――、文化がそのなかに存在する媒体、それを通して文化が伝達される媒体なのである。[25]

クワインやデューイにとってそうであったのと負けず劣らず、ヘーゲルにとっても、言語実践は、概念的規範を制定することと適用することとの両方として理解されねばならない。[26] 判断や行為において、概念をまさに適用することによってこそ、概念的内容は、さらに確定的になってゆく歩みを前に進めるのであり、また、後ろを振り返れば、（概念的内容が確定的であるということが持つ唯一の意味合いにおいて）常にすでに確定的であったものとして姿を現すのである。[27]

6　合理論とプラグマティズム

言語論的転回を経たプラグマティストたちは、私たち人間のような生物の自然史の最も重要な特徴とは、私たちが言語のうちに生まれ落ちてきてしまっているということだと考える。つまり人間は、まさしく言語的である実践に従事するようになっており、かつ、まさしく言語的である能力を行使するようになっている[28]。こうしたことは、個体発生的な成果でもあるとともに系統発生的な成果でもある。そのことを理解するためには、少なくとも三種類の互いに関連している大きな問いに取り組まねばならない。これらの問いは〔それぞれ〕、区分（*demarcation*）、発現（*emergence*）、引き上げ（*leverage*）に関するものだ。区分の問題は、定義的な問題である。〔すなわち、〕言語的な実践や能力（ということは、言説性についての言語主義者が主張するところによると、これらは言説的な実践・能力である）はどのようにして、非言語的な実践や能力から区別されうるのか〔という問いだ〕。発現の問題は、非常に広い意味においてであれ自然主義的であろうとしている言語の理論ならば、非言語的な実践・能力から言語的な実践・能力への移行がありうるということを説明しなければならない、という要件に関わるものだ。〔すなわち、〕非言語的生物ないし前言語的生物のなかに認められる諸能力が、どのようにして採り入れられ、配備され、そして変形させられて、言語能力に結実してゆくのだろうか〔という問いだ〕。引き上げの問題とは、言語的生物と非言語的生物との間にある、能力の甚大なる質的差異をどのように特徴づけ、説明するのかという問題である。〔つまり〕そうした〔言語的な実践・能力への〕移行を遂げた生物に対して言語が開放してくれる新しい能力や可能性の金脈〔を明らかにするのだ〕。

古典的アメリカン・プラグマティストたちの主要な成果のひとつは、発現の問題への注目である。すなわち、前言語的生物を言語的生物から分け隔てている境界線は種においても個体においても横断できるはずだということを、自然主義的に理解可能にしてくれるような、〔前言語的生物と言語的生物との間の〕連続性を提示することに注意を向けているのである。著書『経験と自然』のなかでデューイは、発現の問題を次のような仕方で提起している。

全体として、超越論者を自認する者は、経験論者を自認する者よりも、言語が野生動物と人間の差異を形成するのだという事実についてもっと意識的であった。問題なのは、その超越論者たちは、言語がどういった起源を持つどういった地位のものであるのかについて、自然主義的な捉え方をしてこなかったことである[29]。

著書『論理学』(*Logic*)においてデューイは、こうした思想についてさらに次のように議論を展開している。

自然主義的な想定に立脚している理論は、いずれにせよ、人類の活動や達成した成果を、それ以外の生物学的形態にある生物の活動や達成した成果からはっきりと分ける、並外れた差異の問題に向き合わねばならない。これらの差異があるということから、人間は非自然的起源に由来する性質ゆえにそれ以外の動物から完全に区別されるのだという考えが導かれたのである。[…]〔最も広い意味で捉えた場合の〕言語がそれに先行する生物活動から発達したということは、言語がさらに広範な文化的力と結びつくという点において、こうした変成の鍵となる。そのように考えれば、この問題は、生物の行動がそれとはまったく非連続的なものに移行するという問題ではない

――例えば、理性や直観やアプリオリなものに訴えてその差異を説明しようとした場合にはそういうことになってしまうのだが。これは、変化と新しい活動様式の発現の連続性〔を説明する〕という一般的な問題、つまりは、あらゆる段階における発達の問題の、ひとつの特殊形式なのである。(30)

デューイの考えでは、維持不可能な主知主義に顕著な特徴とは、説明できない跳躍に訴えてしまうことだ。つまり、究極的には奇跡として意識ないし自意識の目覚めがあったとか、野生動物に理性が吹き込まれた、といった跳躍である。発現の問題にこの種のデカルト的な答え方よりも満足のゆく応答をしたいと望んでいるということによって、デューイは後期ウィトゲンシュタインとともに、ある共通の営みの一員になる。ウィトゲンシュタインが語ったいわゆる言語ゲームの多くが目指していたのは、デカルト的な非連続性に訴えたくなるというような意味において神秘的とも見えかねない言説の諸特徴が、いかにして、知性は備えつつ言語は持たないヒト科動物でも習得できると見て取れる実践のうちに、すでに現れているということがありうるのかを示すことである。

しかし、区分の問題に話題を転じると、プラグマティストにはがっかりさせられることになると思う。言語的な〔あるいは言説的な〕実践に特徴的なこととは何か。何がそれらの実践を前言語的ないし非言説的実践から区別するのであろうか。この問いへの答えが、発現の問題と引き上げの問題を結び合わせる。というのも、これらの問いに対する答えが十分であるための基準の要諦には、〔まず〕第一の問題〔発現の問題〕に答える際に、奇跡に訴えることなくそれについての発現の物語が述べられたことになっている実践や能力とまさに同じ種類の実践・能力が、今度は第二の問題〔引き上げの問題〕に答える際に、言語の発生に伴う認知的・実践的能力における甚大な変化を理解可能な形で説明できるということを示さねばならない、ということがあるからだ。言語の発現が、ゼロか百かの事柄であると想定する必要はない。ウィトゲンシュタインと同様に、ある種の家族的類似性の考えを採用して、言説的なものを非言説的なものから分けるはっきりとした境界線の存在を、あるいはそのような境界線の必要性を、否定しようとすることは可能かもしれない。区分の問題に多元主義的かつ漸進主義的な応答をすると、発現の問題は答えやすくなるけれども、それに応じて引き上げの問題は答えにくくなる。デューイのメタ道具主義的な「道具のなかの道具」という路線の考えは、発現の問題と引き上げの問題をうまく調停するのには役立たないと私は考えているが、そのことについては他所で論じており、ここで不平を繰り返し述べることはしないでおこう[31]。このこと以外には、デューイは言語について、協働の可能性を高め、個体の視点を突破することを可能にするものであるという程度の曖昧なこととしか述べていないように思われる[32]。

引き上げの問題は非常に重要ではあるが、ここではそれに取り組むことができない[33]。区分の問題がまず優先される。結局のところ、いかにして精神（*Geist*）が自然から結晶化されてくるのか、いかにして精神は感覚的な生物を知性を持つ生物へと変容させるのかということを述べようとするならば、〔そもそも〕精神とは何なのかを述べようとしなければならない。難関となるのは、発現の問題と引き上げの問題の両方に十分な答えを提供することである。両者のうちの片方にだけ専心するというのでは、問題を安易なものにしすぎている。前掲の文章のなかでデューイが事実上述べているのは、新デカルト主義的な主知主義者は、発現の問題を無視することによって〔ないしそれは取り組むことのできないものだとすることによって〕、引き上げの問題をいとも簡単に応答できるものにしてしまっているということなのである。私が先ほど非難したのは、デューイがそれとは正反対の過ちを犯してしまっているということである。いずれにせよ、発現の問題と引き上げの問題を結び合わせる蝶番が区分の問題なのだということである。というのも、課題となるのは、その発現について説明されていたのと同じ現象が、感覚的存在を知性的存在へと引き上げられるのだと示すことであるからだ。それゆえ、言語的ないし言説的な実践・能力の領域を〔それ以外の領域から〕区分することこそが、私が述べてきた哲学的プロジェクトの絶対に不可欠な要素なのである。

言説性について弱い言語主義の立場をとる〔つまり言語実践に従事することを概念運用のための必要条件と考える〕基礎的プラグマティストたち〔すなわち言説的志向性を実践的志向性の一種として理解することにコミットする一派〕——私の考えでは、少なくともパース、デューイ、初期ハイデガー、そして後期ウィトゲンシュタインが含まれる集団——が、どのようにして区分の問題に答え、そしてそれによって、引き上げの問題への応答として十分であるためのはっきりした基準を確定するのか。その方法のひとつに関して、私自身の示唆を述べて〔本節を〕締めくくりたい。私の考えはこうだ。すなわち、プラグマティズムは、言語的なものを区分するための、そしてさらにその結果として言説性一般を区分するための、合理論的な基準と、有益に融合されうる。こう述べることによって私が意味しているのは、言語実践を他のものから区別し、私たちを単なる感覚的存在ではなく知性的存在とするのに寄与するものとは、理由を与えたり求めたりするという、その〔言語実践の〕中核にある実践なのだということである。言説実践であることの必要十分条件は、当の実践によってある行動遂行に、〔これは〕主張ないし確言であるという語用論的な意義が授けられることである。意味論的に見たなら、主張可能ないし確言可能な内容とは、命題的内容である。統語論的に見たなら、そういった内容を表現しているものとは平叙文である。語用論的特徴、意味論的特徴、統語論的特徴のこうした組み合わせが、言説性の鉄の三角形である。プラグマティズムの説明順序は、もちろん、語用論から始まる。その考えによると、確言であるという語用論的意義を有しているということは、理由として働くことができ、かつ、理由を必要とする地位に潜在的には立つことができるということである。それゆえ命題的内容とは、推論において、前提と結論の両方の役割を果たすことができる内容なのだ。したがって言説実践は、本質的に推論的に分節化されるものとして理解されるのである。

『論理学――探究の理論』（*Logic: The Theory of Inquiry*）でデューイの語用論がはじめに論じる、それによって意味論が明確化されることになる規範的身分が、確言可能性である。一方で私は、次のように論じてきた。主張をしたり、（それによって）理由を与えたり求めたりするという実践に従事していると認識されうるためには、共同体は少なくともふたつの規範的身分を区別していなければならない。すなわち、コミットメントと、コミットメントに対する資格である。そしてさらに、こうも論じてきた。すなわち、確言可能性という単一の身分をこのような二側面に分離することによって、意味論的には甚大な利益がもたらされる(34)。特に、それら両側面を活用することによって、次の三種類の実質推論を定義できるようになる。つまり、コミットメント保存的推論（commitment-preserving inferences）、資格保存的推論（entitlement-preserving inferences）、そして両立不可能性含意（incompability entailments）である。私自身の立場である強い推論主義バージョンの合理論的プラグマティズムの核心にある主張とは、概念的内容は、これら三つの側面に沿って分節化される、広い意味での推論的役割に存するのだ、ということである。[35] もちろん、言説的なものを区分する基盤となる合理論的基準が、また別の方法で導かれることもありうるだろう。

言説的なものの区分に関する合理論的基準にコミットすると、ウィトゲンシュタインに反対せざるをえなくなる。すなわち、言語には中心街（downtown）があるのであって、それは、主張をする、そして理由を与えたり求めたりする、という実践なのだ、と考えることになる。私たちが言語によってすることのできる他の事柄というのは、こうした本質的で中核的な機能に付随し、かつ寄生しているものなのである。この考えにのっとれば、ウィトゲンシュタインが「言語ゲーム」と呼ぶちょっとした実践のほとんどは、声を出す実践ではあるが、本当に言語的な実践でもなければ、まさしく言語的なゲームだと言えるようなものでもない。例えば、〔『探究』の〕冒頭にある「石板」の実践における石工職人の発話は、命令文として理解されるべきものではない。そうした発話は、助手の側の特定の反応を適切なものにするという語用論的（プラグマティック）な意義を持つ発声ではある。しかし本当の命令文たるものがそれをするのは、なされるべきことは何なのかを言うことによってなのである。この十全な意味において言えば、「これは石板だ」のような平叙文も含むのでない限りは、いかなる実践も、「私のところへ石板を持って来い」という本当の命令文を含むことはできないのである。

ウィトゲンシュタインとデューイは共に、言語的なものの区分に関する合理論的基準を拒絶している（さらにそれゆえ、言説的なものについてのそれも拒絶している）。実際〔彼らは〕、区分の問題にはまったく何の答えも提供するまいと抵抗しているのである。デューイの場合、合理論的プラグマティズムなどという考えはおそらく、形容矛盾に思われたことだろう。しかし、私が述べてきたような合理論は、基礎的プラグマティズムと対立する主知主義の一形式ではない。それは、言説的志向性を実践的志向性の一種として理解すること、特に、主張をする、理由を与えたり求めたりする、といった実践を含む種類の実践的志向性として理解することと完全に両立可能なのである。この合理論が目指すのは、規範を制定する社会的実践がそのような実践として理解されるためにはどういった構造を持たねばならないのかを述べることである。それが集積されれば*しかじか*という〔命題的な〕主張を認知的におこなっていることになるような種類の実践的な方法知をどのように理解すべきかについて、この合理論は具体的な案を提供している。すなわちそれは、推論的な関係や遷移を実践的に習得しているということなのである。そして、言説実践の区分の問題に合理論の方法で応答するからといって、発現の問題に応答することが原理的に不可能になるわけでも、その問題にデカルト的な答えを与えねばならなくなるわけでもない。

　私は、一般的とは言えない場所から、つまり言説的なものを区分するカントの規範的基準から、すなわち、判断や意図的行為に独特なこととは、それらは私たちが*責任*を負える事柄だということである、というカントの考えから、プラグマティズムについての物語を始めた。それらはある種の*コミットメント*である。しかし、区分のそうした規範的基準は、区分の*合理論的*基準でもある。というのも、カントはその責任を、そしてそのコミットメントを、*合理的*な責任として理解したからである。すなわち、理論的・実践的にコミットする理由を有していなければならないという*正当化*責任や、それらのコミットメントの推論的帰結を認めねばならないという**敷衍的**責任や、互いに両立不可能なコミットメント、つまりそれら自体が互いに互いを退ける理由となってしまうコミットメントは修正しなければならないという**批判的**責任として理解したのである。カントのプラグマティズムは、統覚作用を果たす主体がそういった責任を全うするために何を**する**のでなければならないかという観点から意味論的内容を理解するという、その戦略に存している。可断的内容同士は、互いに、実質的な帰結関係や両立不可能関係にあらねばならない。そうした関係が、統覚ならではの統一性を示しているコミットメントや資格の集まりを統合してゆくプロセスに制約を与える推論関係なのだ。ウィトゲンシュタインの〔石工職人の〕例が教えてくれているのは、私たちはヘーゲルの歩みに従って、規範を社会実践に陰伏するものとして理解することによって、規範についてのカントの考えを自然化する方向へ行くべきだということである。責任やコミットメントという規範的身分は、**社会的**な〔やりとりのうちでの〕身分である。すなわちこれらは、互いに互いを責任ある存在、〔何かに〕コミットしている存在として捉える、あるいは取り扱うという、私たちの実践的態度の産物なのである。

　以上のような見方に従えば、デューイやウィトゲンシュタインを飛び越えて、合理論的な〔プラグマティズムへと〕、さらに具体的に言えば、私が推奨している推論主義的なプラグマティズムへと移行することは、ドイツ観念論に遡るプラグマティズムの源流への回帰でもある。カントが経験論と合理論を統合したように、そして、プラグマティストたちが自然主義と経験論を統合したように、これから進むべき道は、区分の問題に合理論的な応答をするという形で、プラグマティズムと合理論を統合することであると私は主張しているのだ。

7　本書の構成

この序章では、ドイツ観念論において際立っているいくつかの思想から古典的アメリカン・プラグマティズムの核心にある発想へと至り、そしてそこから、言説性をめぐる復活した合理論とそうした発想との待望の統合へと向かう思想の流れを、〔現代の視点から〕回顧的に、そして合理的に再構成した。私自身の仕事の多くは、そういった合理論的プラグマティズムの一形式を導き出す努力という形をとってきた。本書は、拙著『哲学における理性』(*Reason in Philosophy*)[36]の、ある種の姉妹編である。『哲学における理性』はこの〔合理論的プラグマティズムという思想的〕プログラムの合理論的側面や、カントとヘーゲルに認められる、それの先駆となっている思想について詳しく論じた。本書は、〔合理論的プラグマティズムの〕プラグマティズム的な側面と、アメリカン・プラグマティズムに認められる、それの先駆となっている思想について論じる。本書本編での私の狙いは、この序章で述べた物語では語り足りていない部分を補うことである。

第一章は、パース、ジェイムズ、デューイをつなぐ共通の糸と目される、自然主義と経験論の独特の統合の仕方について、さらなる議論を提供する。第二章は、序章で紹介した分析的な道具立てのいくつかをさらに発展させ、古典的プラグマティズムがどのように現代の言語哲学にとって重要であると私が考えているのかについて、詳しく述べる。〔第一章と第二章の〕両章は、言説的規範についての道具主義路線の思想という、長きにわたって〔プラグマティズムの〕批判者たちの攻撃対象であり続けてきたものを、批判的に論じてもいる。批判者たちはしばしば、不親切なことに、そうした思想をひどく不格好かつ還元的な形で定式化した上で、それをアメリカン・プラグマティストに帰している。思うに、何かしらの道具主義的思想は疑いようもなくジェイムズとデューイに認められるし、しかも彼らは、自分たちが不平を漏らしている対象であるところの当の誤解を自ら招くような語り方をしてしまっている。基礎的な意味論的規範についての道具主義には、比較的手の込んだ形式の道具主義においてでさえ、つまり、特に言語全体を問題にする道具主義（「道具のなかの道具」〔としての言語〕という見解）においてでさえ、間違っている点がある。私はこれを明らかにするだけでなく、その道具主義は、そのプラグマティストたちの哲学的貢献の核心に本当に存在している重要で役に立つ発想にとっては、採用してもしなくてもよい、後発の、周縁的な付加物なのだとも論じたいと思っている。

第三章から第五章にかけては、最も重要な近年のプラグマティストのうちのふたり、すなわちウィルフリド・セラーズとリチャード・ローティについて論じる。セラーズは自身の見解を特徴づけるに際してプラグマティズムという用語を用いていないが、私としては、なぜ、そしてどういった意味で、セラーズはプラグマティストと考えられるべきなのかを、第二章で論じる分析的な道具立てをセラーズの最も中心的な議論のうちのいくつかに適用することによって明らかにしたい(37)。一九七〇年代中葉にプリンストンで私が博士論文を書いていた時の指導教員であったローティは、もちろん、プラグマティストを自称していた。第四章と第五章は、第七章で論じる反表象主義の議論とともに、ローティのプラグマティズム的見解を私なりに特徴づけ、それについての批判的評価の最初のいくつかの段階の姿を提示するものとなる。

第六章と第七章は現代版のプラグマティズムを扱う。第六章は分析プラグマティズムという研究プログラムへの導入である。分析プラグマティズムは、プラグマティズムの洞察、特に後期ウィトゲンシュタインの洞察を、二〇世紀の分析哲学の洞察と統合するひとつの方法であり、この考えを私は著書『言うことと為すことのあいだ』（*Between Saying and Doing*）のなかで練り上げている。第六章では、新しいメタ理論的な概念的道具立て、つまり意味‐使用ダイアグラムで表されるような意味‐使用分析を提示する。この道具立てには他にもさまざまな応用があって、その最も中心には、論理的、様相的、規範的、そして志向的なボキャブラリーに特徴的な表現役割の分析があるのだが、この道具立ての応用で主要なものをひとつ挙げるとすればそれは、私が著書『明示化』において探究・活用している意味と使用の間の関係を、方法論的に明晰化することである。第七章は、ヒュー・プライスが見出した、ローティの反表象主義プラグマティズムとよく似た考えに至る含蓄に富んでいて独創的な方法に、はじめて正面から取り組んでいる部分である。そしてこの章は、こうしたふたつの陸標〔ローティとプライス〕を参照しながら三角測量をすることによって、私自身のプロジェクトを位置づけようとする試みである。

この序章では私のバージョンの合理論的プラグマティズムの系譜を再構築したが、第六章を除いて、本書では、このプラグマティズムを詳しく解説して発展させるということはしない。それについては、そして、区分の問題への合理論的応答の推論主義バージョンの観点からすると発現の問題と引き上げの問題はどのように見えるのかについての私の言い分を知るためには、読者には私の他の著作、特に『明示化』や『言うことと為すことのあいだ』を参照していただかねばならない。本書の姉妹編である『哲学における理性』で詳しく論じた合理論的な主題を考え合わせると、さまざまなプラグマティストたちや彼らの諸議論について本章が述べていることの眼目はむしろ、どうしてそもそも、そうしたプロジェクトを追求することは価値があると考えられるようになるのかをはっきりと示すために、〔合理論的プラグマティズムという〕その事業を哲学的空間のなかに位置づけることにある。

注

(1) 後で（第五節で）、「方法論的プラグマティズム」という用語の、少しばかりだがより狭い意味の用法を提案する。

(2) ジェイムズは、次の著作集に収録されている「プラグマティズム」講義の第二講にて、こうしたパース的な考えを受け入れている。*Pragmatism and Other Writings*, eds. William James and Giles Gunn. New York: Penguin, 2000.

(3) 『言うことと為すことのあいだ』（*Between Saying and Doing*. Oxford: Oxford University Press, 2008）の第三章参照。

(4) これは、次の〔ふたつの〕論文におけるヒュー・プライス（Huw Price）の用語法による。「表象主義なき自然主義」（"Naturalism without Representationalism," in *Naturalism in Question*, eds. Mario de Caro and David Macarthur. Cambridge, MA: Harvard University Press, 2004, pp. 71–88）並びに、デイヴィッド・マッカーサー（David Macarthur）との共著論文「プラグマティズム、準実在論、大域的な難問」（"Pragmatism, Quasi-realism and the Global Challenge," in *The New Pragmatists*, ed. Cheryl Misak. Oxford University Press, 2007, pp. 91–120）を参照。また、プライスの著書『鏡なき自然主義』（*Naturalism without Mirrors*. Oxford University Press, 2009）に収録されている他の論文も、この関連で参照すると有益だろう。

(5) ロバート・B・ブランダム著『明示化』（*Making It Explicit*. Harvard University Press, 1994）参照。

（6）『言うことと為すことのあいだ』にて、レベル（b）において訴えられる実践ないし能力を特定するために使われるボキャブラリーの選択の意義について検討した。この選択は、そうした実践・能力を説明しようとするという営為と、それらの実践・能力を用いて他のものを説明しようとする営為の両方にとって同じくらいに重要であるように思われる。

（7）『純粋理性批判』（*Critique of Pure Reason*, trans. Norman Kemp Smith. New York: St. Martin's Press, 1965）の A132/B171 参照。私は『明示化』の第一章において、言説的規範について想定しうる統制主義と規則主義（regulism and regularism）というふたつひと組になった危険に抵抗する議論を述べるという文脈で、この〔無限〕後退の論法についてさらに論じている。

（8）ルース・ミリカン著『言語、思考、その他の生物学的カテゴリー』（*Language, Thought, and Other Biological Categories*. Cambridge, MA: MIT Press, 1984）を参照。選択的プロセスと真理様相的反事実文の間の基本的な連関は、エリオット・ソーバー（Eliot Sober）による、選択される特質と選択が目指している特質の区別によってすでに示されている（ソーバー著『選択の本性』（*The Nature of Selection*. Cambridge, MA: MIT Press, 1984）参照）。ミリカンはこの思想をさらに遥か先へと進めている。

（9）『デューイ中期著作集』（*The Middle Works of John Dewey*, ed. Jo Ann Boydston. Carbondale: Southern Illinois University Press, 2008）〔以下、本著作集は *MW* と表記し、巻数とページ数を併記する〕に収録されている「道具主義についてのロイス教授の批判に対する応答」（"A Reply to Professor Royce's Critique of Instrumentalism"）の次の箇所からの引用。*MW* 7: 74-75.

（10）「主知主義者の真理の基準」（"The Intellectualist The Criterion for Truth"）、*MW* 4: 68-69 より。

（11）「真理に関する簡潔な教理問答」（"A Short Catechism Concerning Truth"）、*MW* 6: 9 より。

（12）「プラグマティズム」講義第六講より。

（13）「プラグマティズム」講義第八講より。

（14）「プラグマティズム」講義第二講より。

（15）「プラグマティズム」講義第六講より。

(16)「真理に関する簡潔な教理問答」（"A Short Catechism Concerning Truth"）、*MW* 6: 10–11 より。

(17)『実験論理学論考』（*Essays in Experimental Logic*）の序論、*MW* 10: 364 を参照。

(18) 私はこの構造について、『哲学における理性』（*Reason in Philosophy*. Cambridge, MA: Harvard University Press, 2009）の第三章と『大いなる死者たちの物語』（*Tales of Mighty Dead*. Cambridge, MA: Harvard University Press, 2002）の第七章で述べている。これは、私が書き進めているヘーゲルに関する長大な書『信頼の精神』（*A Spirit of Trust*）の、主要な論題である。

(19) この〔ロイスの〕後年の魅力的なプロジェクトについて、ブルース・ククリック（Bruce Kuklick）が著書『ジョサイア・ロイス——その知的伝記』（*Josiah Royce: An Intellectual Biography*. Indianapolis, IN: Hackett, 1985）で論じているので参照のこと。

(20)『デューイ後期著作集』（*The Later Works of John Dewey*, ed. Jo Ann Boydston. Carbondale, IL: Southern Illinois University Press）〔以下、本著作集は *LW* と表記し、巻数とページ数を併記する〕の第一二巻に収録されている一九三八年の著作『論理学——探究の理論』（*Logic: The Theory of Inquiry*）を参照。

(21)『経験と自然』（*Experience and Nature*）、*LW* 1: 134 を参照。

(22)『フレーゲ——言語哲学』第三版（*Frege: Philosophy of Language*, 3rd ed. Cambridge, MA: Harvard University Press, 1993）の p. 361 より。

(23)「論理的真理に関するカルナップの議論について」（"Carnap on Logical Truth," in *The Philosophy of Rudolf Carnap*, ed. P. A. Schilpp. La Salle, IL: Open Court, 1963）の p. 406 より。

(24)『精神現象学』（*Phenomenology of Spirit*, trans. A. V. Miller. Oxford, UK: Clarendon Press, 1977）の §§ 652, 666 参照。

(25)『論理学——探究の理論』、*LW* 12: 27 より。

(26) 特徴的な文章をいくつか引いておく。

それゆえ、文化を通してこそ、個人は立ち位置を獲得し、現実性を獲得するのだ。その人の本当の、本来の天性ないし実体とは、その人の自然的な存在から、その人自身を精神として疎外したものなのである。〔…〕こうした個人性は、文化によって鋳型をはめて、本来の姿になるのである。（『精神現象学』、§489より）

単体の個人との関係において、その人の文化として現れるものとは、実体そのものの本質的な瞬間、すなわち、個人の普遍性にすぎなかった思考形態が現実性に変わるという直接的な過程なのである。あるいは文化とは、実体のなかにある陰伏的なものが認知された本当の存在性を獲得するための媒介となる、実体の単純な魂なのだ。それゆえ、個人性が文化による鋳型をはめて変成する過程とは、同時に、普遍的で客観的な本質として発達すること、すなわち、実世界の発展でもあるのだ。この世界は個人性を通して存在するようになったものであるが、自意識に対して固定されていてかっちりとした実在の形を与えているのは、自意識にとって直接的に現れている、〔自意識／精神が〕疎外された世界なのである。（『精神現象学』、§490より）

(27)『実験論理学論考』の序論、*MW* 10: 364を参照せよ。

(28) すでに了解されている通り、これを言語学習の観点から特徴づけることには、きちんと内実はあるが、異論を呼ぶかもしれない前提が含まれている。

(29)『経験と自然』、*LW* 1: 134より。

(30)『論理学――探究の理論』、*LW* 12: 49–50より。〔ただし、〕このように連続性を強調しているからといって、デューイは、言語が生む違いを無視するようになってはいない。彼は次のように述べている。

下等動物、つまり言語を持たない動物でも思考をしている、という命題を支持するためによく引き合いに出される証拠は、精査してみれば、次のことを示す証拠だということがわかる。すなわち、人間という、社会的な言説の力を備えた生物が思考をするときには、下等動物が使用している適応器官によって思考し、かくして、表に現れることになる動物的行為を想像の枠のなかで、主として繰り返すのだという。しかし、この事実から動物は思考をするという結論へ至る議論は、すべての道具、例えば鍬の起源が、それ以前からある何かしらの自然の産物、例えば曲がりくねった根や分岐した枝にあるからといって、後者がそもそも最初から耕作に関わっていたのだと結論づけるようなものだ。なるほど両者間に関連はあるが、関連の方向は逆である。（『経験と自然』、*LW* 1: 215より）

(31)『経験と自然』、*LW* 1: 134を参照。こうした〔デューイの〕手法について私は、本書の第一章と第二章で論じている。

(32) 私が念頭に置いているのは、例えば以下のような文章である。

　純粋に生物的なわけではない活動とその帰結が存在し、しかもそれらが伝達されるというための必要条件であり、結局はその十分条件となるものとしての言語の重要性は、次の事実のうちにある。すなわち、言語は、一方では厳密に生物学的な行動様態であり、初期の生物活動から続く自然の連続性のうちに生起するのであるが、他方で言語は、一個体を他の個体の視点に立たせ、厳密に個人的なわけではない視点、共同作業の参加者ないし「仲間集団（parties）」である自分や他の個体に共通した視点から、その個体が観察や探究をするように仕向ける。言語は、何かしらの物理的な存在によって方向が定められ、そうした存在に向けられるようになることもある。しかし最初は、言語は、言語によって成り立つコミュニケーション――共通のものを作ること――の相手である誰か別の人ないし人々を指示している。それゆえ、その限りで、言語の指示は一般的で「客観的」になるのである。（『論理学――探究の理論』、*LW* 12: 52より）

(33) 私はまさにこの問題に、『明示化』と『言うことと為すことのあいだ』で取り組んでいる。

(34) 拙著『推論主義序説』〔斎藤浩文訳、春秋社、二〇一六年〕（*Articulating Reasons*. Cambridge, MA: Harvard University Press, 2001）の第六章を参照。

(35) 弱い推論主義、強い推論主義、超推論主義の区別については、『推論主義序説』の序論を参照のこと。推論主義は、合理論の取りうる形式のひとつにすぎない。というのも、理性には、推論以上の何かがあるからだ。区別をすること、定義を定式化すること、そして論理構成を組み立てることは、いずれも、結論を引き出すことと並行して存在する合理的過程である。

（36） Cambridge, MA: Harvard University Press, 2008.
（37） この〔第三〕章は、拙著『大いなる死者たちの物語』の第一二章におけるセラーズについての議論を参照しながら読むと有用であろう。

訳注

［1］ 第七章ではepisodeを「心的出来事」と訳したが、本章でその訳語を採用すると不用意に意味合いを狭めかねないと考え、ここでは「エピソード」と訳すことにした。

［2］ empiricismについては、慣行上、イギリス経験論に関する文脈では「経験論」という訳語が定着しており、論理経験主義に関する文脈では「経験主義」という訳語が定着している。本書全体を通して、どちらの訳語を採用するかはその都度文脈に応じて判断している。とはいえ、これら両者を横断的に論じているという本書の特性を踏まえ、どちらの訳語が採用されている場合も、原語がempiricismであることを念頭に置いて読み進めてほしい。

［3］ 原語はthe flywheel governorである。機械の回転機構の回転速度を安定させる器具。

［4］ クワインが"Ontological Relativity"（1968）のなかで述べたことを念頭に置いている。クワインは、博物館内で展示品にただラベルを貼りつけるように意味に言葉を当てがうだけというような、無批判的な意味論を批判している。

［5］ 確定可能体は、確定体（the determinate）と対になってW・E・ジョンソン（William Ernest Johnson）の『論理学』（*Logic*）第一部一一章に登場する概念。確定体は確定可能体の特定の一部分に相当する。例えば、赤色が確定可能体だとすると、緋色などが確定体である。ここでは、言説的活動が実践的志向性の一種であるということが言い換えられており、実践的志向性は確定可能体、言説的活動は確定体に相当する。

［6］ *de re*と*de dicto*については、第七章訳注［15］を参照のこと。

［7］ パースが存在グラフ（Existential Graphs）という独自の図像的な記法によって体系を構築した論理

学。フレーゲが確立した一階述語論理は、パースのこの体系によっても完全に表現できる。

［8］第二章訳注［4］で述べているような理由から、assertion には「確言」という訳語を当てている。

［9］「方法論的プラグマティズム」の詳細については、第二章第三節参照。

第一章　古典的アメリカン・プラグマティズム

――プラグマティストの啓蒙思想とその問題含みの意味論

1　第二の啓蒙思想

古典的アメリカン・プラグマティズムは、理論的には傍流のもので、実際的・政治的にもさほど重要でない、矮小で局所的な哲学的運動とみなされることがある。ラッセルとハイデガー（ふたりはそれぞれに、互いに非常に異なる哲学的文化の体現者として強大な影響力を持つ人物である）が概してこうした見方をするのだが、この見方によれば古典的アメリカン・プラグマティズムは、一九世紀前半のイギリス功利主義が同世紀後半のアメリカにおいて反響したものである。反響しているのは、比較損益ばかりに視野を絞った還元的な見方であらゆるものを見るという、厚かましい商売人の感覚である。ジェレミー・ベンサム（Jeremy Bentham）とミルは、他者と競い合う利己主義者が保持している、ブルジョワの顔をしながら出納帳簿をつける習慣のなかに、道徳理論・政治理論・社会理論の世俗的な基盤を見出そうとしていた。そうした利己主義者にとって、行為の理由は、「それは私にとって何の役に立つのか」という問いへの答えの形をとる。そしてジェイムズとデューイが現れ、実践的理由についてのこうした捉え方を採用し、それを認識論や意味論、そして心の哲学という理論的領野へと拡張する。〔彼らの思想において〕合理性全般は、道具的知性であると思われている。すなわち、欲しいものを獲得するための一般的能力である。この観点からすると、真理とはうまく働くもののことであり、知識とは有益なものの一種であり、心と言語は道具である。無教養な一般通念からもたらされる本能的な即物主義や反主知主義が、哲学理論という形式の洗練された表現を与えられたのである。

道具的理性に基づいて道徳を確立するという功利主義的な企ては、原則面でも実践面でも深刻な反対意見が続出したことで悪名高い。しかし、それは現代の合理的選択理論の元祖であるという見方もある。〔つまり、〕あとは近代的な決定理論やゲーム理論で用いられる強力な数学的道具立てが発達しさえすれば、それは社会科学の支配的な概念的枠組み〔である合理的選択理論〕として〔良かれ悪しかれ〕姿を現すはずのものであった。プラグマティストが道具主義を理論的領域に拡張したことでどういった付随的影響が出たのかについて、〔功利主義のその後の発展に〕比類するようなことは何も言えない。アメリカ哲学では、デューイが栄華を誇ったもののじきにカルナップに株を奪われ、カルナップの論理経験主義が生んだ分析哲学は、その前にあったもの〔(つまりプラグマティズム)〕をほぼ一掃し、それに取って代わった。近年でもプラグマティズムの後継者や主唱者は、いるにはいる。最も有名なのはリチャード・ローティとヒラリー・パトナム（Hilary Putnam）だろう。しかし、真理や意味や知識という中心的主題について研究している現代のアメリカの哲学者のなかで、自身の思想に主要な影響を及ぼしたものとしてプラグマティズムに言及する者はそう多くない(1)。

しかし、古典的アメリカン・プラグマティズムに対しては別の見方もできる。つまり、世界史的意義のある活動として、すなわち、第二の啓蒙思想を展開する上での信条を表明し、その開幕を告げ、初めてそれを定式化した活動として見ることができる。プラグマティストにとっては、啓蒙思想の先駆者たちと同様、理性こそが人間の生き方に支配的な影響力を持つ。そして、新しい方の啓蒙思想家（フィロゾーフ）〔つまりプラグマティストたち〕にとっても、古い方の啓蒙思想家と同様、まさに理性とされるに相応しい理性は、自然科学に特有の理解形式が提供するモデルに基づいて理解されることになる。しかし、〔当時の〕プラグマティストが着想源とした一九世紀後半の科学は、第一の啓蒙思想に命を吹き込んだ科学とは非常に異なっていた。周囲の環境をこうした〔新しい科学を範とする〕仕方で理解しようとし、さらにはその理解を進展させてゆくこの〔人間という〕理性的生物についての〔新たに〕出現した哲学的な描像もまた、したがって、〔第一の啓蒙思想によるものとは〕違ったものとなった。

理解と説明は、連動し合った概念である。[2] 説明は、言うことの一種である。つまり、何かを理解可能にする主張を述べることである。説明とは、本質的に言説的な手段によって理解を生起させる方法なのである。もちろん、こうした目標を達成するという課題に取り組むための言語表現上の工夫、それをするための戦略には、さまざまなものがある。しかし、何をしたら説明をしていることになるのか、つまり、説明を完了するためには何をする必要があるのかということについても、さまざまな捉え方が実際に効いている。プラグマティストが追求するのは、後者の種類の〔捉え方の〕変化である（もちろん前者の種類の〔工夫・戦略の〕変化もこの変化の連鎖を伴っている）。第一の啓蒙思想にとっては、現象（出来事、事態、プロセス）を説明することは、実際に起こったことがなぜそのようにして起こらねばならなかったのか、実際の事柄が〔少なくとも〔特定の〕条件下では〕必然的であるのはなぜか、ということを示すことである。それとは対照的に、プラグマティストによる新しい啓蒙思想にとっては、偶然的なままであり偶然的であると認められているものを説明することが可能だ。ニュートン物理学をパラダイムとする理解は、抽象的で没人格的な純粋数学の言語で表現される、普遍的で必然的、かつ永続的な原理から成る。〔一方、〕チャールズ・ダーウィンの生物学をパラダイムとする理解は、特定の生物とその生息環境とを包摂する、局所的で偶然的で移ろいやすく、実践的で〔生物と環境の〕相互作用がある場についての、具体的で、その都度の状況にそくした語りである。さらに、一九世紀は「統計学の世紀」であった。つまりこの時期に、自然科学と社会科学における新しい説明の形式が出現した。例外なしの法則から何が生じるのかを演繹するかわりに、ある事象の蓋然性を高めるのは何であるかを示すことに根幹がある理解可能性の一形式が打ち出された。自然選択と統計的尤度の両方の観点からなされる説明は、観察されている秩序がどのようにして、混沌から偶然的に、しかし説明可能なありかたで生起しうるのかを――〔進化論的な説明は〕個々に無作為に発生する出来事の累積した通時的結果として、そして〔統計的な説明は〕その共時的結果として――明らかにするのだ。

2　自然と科学についてのふたつのモデル

宇宙の基本的な秩序を明確化する数学的法則は、一七～八世紀の啓蒙を経た思想家たちにとっては究極的な所与（the ultimate given）であり、〔それ自身については〕説明がつかない基礎的な説明項であった。つまり、それらは物事を成り立たせるうえで極めて基本的なものであり、そのため、説明されずに残るこうした部分は、最後で最小の、注意深く領域を限定しながらの懐古（ノスタルジック）的な訴えとしてではあるが、創造主に訴えるという方策を要求し、結果、そういう方策を正当化することにすらなりかねなかった（実際、次第に宗教の影響力が弱まってきていた最中の理神論者たちにはそういうことがあった）。アメリカン・プラグマティズムを創成した天才チャールズ・サンダース・パースが新しい選択的な科学理論と統計的な科学理論から練り上げた哲学的見解は、物理法則ですら、天地開闢（かいびゃく）時の不確定状態から、選択的プロセスによって偶然的に生起したものとみなしている。法則は適応的習慣であり、そのそれぞれが、その他の要素によってもたらされる環境内において、統計的な意味で相対的に安定しており、かつ堅固（ロバスト）である。そうなると、古い形式の科学的説明は、新形式の科学の特殊で限定的な場合のものと考えられるようになる。法則や普遍的原理に訴えることが妥当とされるのは今や限定的な場合だけだが、その妥当性というものは、規則が、可変性のなかから生起し、かつ、その可変性のおかげで維持されるということがいかにして可能なのかを説明する新たな科学的パラダイムによってもたらされた、〔旧来の科学的説明に比べて〕より広くなった背景に照らして、説明されうるということなのだ。第一の啓蒙思想にあった「静かなる法則の領域」は、第二の啓蒙思想にとっては習慣の動的な集まりとなる。この集まりはより大きな習慣の集まりから選別されたものであり、やや繊細な、集団全体としての自己複製的な均衡を維持することによってこれまで廃絶を免れてきた。私たちは諸原理を正しく理解したと確信することはできないという、それだけのことではない。というのも、正しい原理や法則というもの自体も変化しうるからである。プラグマティストはある種の存在論的な可謬主義ないし可変主義を受け容れる。法則は統計的にしか生起しないのであるから、それは変化しうるのである。いかなるダーウィン説的な適応も最終的なものではない。なぜなら、適応した当の環境が変化しうるからだ。それどころか、別のさらなるダーウィン説的適応に反応することで、最終的には必ず環境は変化するに違いない。そしてパースやデューイが言いそうなことだが、事物の相対的に落ち着いている、固定化された性質、つまるところ事物の習慣というものは、それ自体でそうした適応〔の結果〕であると理解されうる。プラグマティストは自然主義者であるが、ある新しい種類の自然に対峙しているという自認がある。その自然は流動的かつ確率的であり、規則性が、事物と変化し続ける環境とのあいだのたくさんの個々の偶然的相互作用から統計的に生み出されたものであるがゆえに、〔その自然は〕混沌の海の上に統計的に漂っている、いま生起し始めているだけの儚く消えるかもしれないものなのだ。

　この第二の啓蒙思想が着想源として参照している科学は、哲学の分野で科学を解釈したり賞賛したりする人々にもたらした概念的リソース以外の点でも、第一の啓蒙思想が参照した科学から様変わりしている。一七〜八世紀にはまだ、科学の影響とは概してその理論の問題であった。当時、科学に傾倒していた人たちは、新しい科学的洞察が予見させる、もしくは科学的洞察がそれに備えて計画をしているように思われる、大きな社会的・政治的変化を、夢見たり、予測したり、思い描いたりしていた。しかし当時、そうした新しい思考方法は概して、実践的な帰結を欠いていた。新しい思考方法は、近代という台頭しつつあった潮流の原動力であったというよりはむしろ、その潮流の表明なのであった。しかし一九世紀中葉には、科学を実践に役立てる部門である〔科学〕技術が、産業革命を通して根本的かつ取り返しのつかないほどに世界を一変させてしまった。出来上がった産業資本主義の視点から俯瞰すると、科学こそが過去の二百年間で最も目を見張る成功をおさめた社会的制度であるように思われた。というのも、科学は実践というだけでなく、ビジネスにもなっていたからである。実践上での科学の成功は、科学の理論的洞察を保証するものとしてまかり通っていた。技術（テクノロジー）は理解を体現する。理性の本性を理解して人間の生における理性の中心的役割を理解するためのより一般的な哲学的教訓を、プラグマティストは科学から引き出した。したがって、その教訓が追求したのは、知的な理解というものを、活発に作用している行為者性の一側面として捉えること、そして、事実（しかじかの主張は真であること）を知ることを、（しかじかを遂行するための）方法を知ることという、より広い領域のなかに位置づけることなのであった。原理のうちに成文化されうるたぐいの明示的な理性は、経験に裏打ちされているがゆえの巧妙な実践――ある学習プロセスを経て選択によって特定の環境下で生起した、柔軟かつ適応的な習慣――において示されうるたぐいの陰伏的な知性の、〔さまざまにありうるうちの〕単にひとつの、しばしばなくても済むような表出として現れる。

　祖先の啓蒙思想家と同様、プラグマティストは、存在論において断固として自然主義者であっただけでなく、認識論においては広義の経験論者であった。両派いずれにとっても、科学こそがすべての事物の尺度、つまり、存在するものについてはそれらが存在するということの尺度、存在しないものについてはそれらが存在しないということの尺度なのである。(3) さらに両派にとって、科学とは知ることのひとつの種類であるだけではなく、まさに知ることの形式そのものなのである。つまり、科学が知ることのないものは知識ではない。しかし、古い方の科学主義にあった原子論的感覚主義者の経験論（これは後に現代的な数学・論理学のもろもろの強力なテクニックを用いることによって救い出され、息を吹き返し、二〇世紀の論理経験主義を生んだ）の代わりに、プラグマティストは、より全体論的で非還元的な実践的経験論を採用した。両派ともに、知識や行為者性の内容や合理性を説明する際には、経験を最も重視している。しかし、経験概念の理解の仕方は、両派それぞれの時代の科学が異なる特徴を持つことに呼応して、両派で非常に異なっている。

古い方の経験論の考えでは、経験の単位とは自己充足的（self-contained）で自己告知的（self-intimating）な出来事であった。すなわち、それがあるがままに生起するだけで知識を構成することになるような、一回一回のエピソード[1]である。その上で、どんな種類の学習も可能にする生の素材を（典型的には連想と抽象によって）供給するために、意識のこうした〔経験という〕原始的な作用が利用可能なのだと捉えられている。こうした*Erlebnis*としての経験という考え方とは対照的に、（ヘーゲルから教訓を学んだ）プラグマティストは、経験を*Erfahrung*として捉える。プラグマティストにとって、経験の単位は、知覚と行為、そしてその行為の結果のさらなる知覚による、テスト―操作―テスト―退出サイクルの一巡である。このモデルで捉えれば、経験は学習プロセスに対する入力ではない。経験が学習プロセスなのである。すなわち〔経験とは〕、他の諸要素と協調しながら連綿と首尾よく遂行され続けるよう環境に適応しているという限りにおいて生き残って習慣となる行動変種が、選択によって統計的に発生する〔というプロセスなのである〕。（デューイが述べるように、これこそが、求人情報で「三年間の経験が必要」などと明記している場合の「経験」の意味である。）科学の合理性を表す最もよい例となるのは、理論家が実在の真なる構造の一端を突如として知的に垣間見るというような状況ではなく、熟練した実践主体が実験で介入することによって有用な観察をうまく引き出し、推論によって何かを措定したり未知のものを推定したりすることで理論を作り上げ、そうして多少なりとも安定した、しかしながら先のふたつの作業の暫定的結果を参照しながら常に進化してゆく調整のあり方を、動的に導き出すというプロセスの方である。心についてのイメージのプラグマティズムならではの転換は、鏡からランプへの転換ではなく、望遠鏡や顕微鏡から弾み車調速機[2]への転換なのである。

これらの新形式の自然主義と経験論は、一九世紀の科学の性格と状況の変化に反応して更新されたのであり、先達〔である第一の啓蒙思想〕の保持していた自然主義と経験論よりもはるかにうまく互いに織り合わされていた。近代初期の哲学者たちは、人間の知識と行為者性を自然界についての機械論的・唯物論的な見方に適合させるのにひどく手こずったことで知られている。当時の理論家にとっての理解とは代数的な記号的表象項（representings）の操作に存するものであり、そうした理論家の活動と、それによって理解されるもの、すなわち記号によって表象される、延長を持つ幾何学的世界との間に、デカルト的な亀裂が広がることとなった。原理に基づいてなされる理解、発見、行為は、当時の哲学者たちにある種類の理解可能性を示した。そして、永遠で不可避的な法則に従って動く物体は、また別〔の種類の理解可能性を示したの〕だった。

しかし、プラグマティズム的な理解に基づけば、知る主体と知られるもの〔（自然）〕（knower and known）は、混沌から秩序をもたらし、無作為的な変化から安定した習慣をもたらすという、同じ一般的メカニズムに訴えることによって、同様に説明が可能である。そのメカニズムとはすなわち、進化と学習のプロセスが共有する、統計的で選択的な構造である。その構造は、物理的規則性が生起するプロセスに始まり、有機物が局所的かつ一時的に安定した形態を進化させるプロセスを経て、さらに、動物が局所的ないし一時的に適応的習慣を獲得する学習プロセス、ひいては日常言語使用者の、教えられて得たわけではない常識的な知性、そして究極的には科学的理論家の方法論にまで伸びる、大きな連なりに含まれるすべての構成員をまとめあげる。科学の方法論は、陰伏的で、日常の実践的生活に特徴的な、体系的ではないがそれでも知的な手続きを、明示的かつ体系的に洗練したものでしかない。〔こうして〕初めて、自然のプロセスを理解する科学者が行使している典型的な種類の理性を体現する合理的実践は、理解の対象となっているものに典型的な物理的プロセスと連続的なものとして見られるようになり、同じ観点から理解可能になる。この統一的な見方こそが、プラグマティストによる第二の啓蒙思想の中心にあるものなのだ。

3　プラグマティズムとロマン主義

古典的アメリカン・プラグマティズムのこうした中心的な考えの多くが、第一の啓蒙運動の際の初期ロマン主義の批評家によって導入・追求された主題を再び響かせているということは明白だ。プラグマティズムとロマン主義はいずれも、知識の観衆説（spectator theories of knowledge）、つまり、心が最良のかたちで知識を得るのは、心による介入が最小限であり、心が最も受動的で、実在を映し出しているだけの場合である、という説を拒絶する。知識〔知ること〕はむしろ、行為者性の一側面、つまり一種のすること（doing）とみなされる。発見することではなく、作り出すことが、人間と世界との関わり方の類（genus）なのである。プラグマティストとロマン主義者はいずれも、法則、公式、そして演繹に対して、疑念を抱いている。抽象的原理は、具体的実践に根を持ってその実践の表現となっていなければ、空虚である。実在は、まず第一に私たちの生きた経験によって、生活世界（the life world）のなかで開示される。科学的実践とそれが生む理論は、日常生活においておこなわれる巧妙な調整のなかに起源があり、そうした起源との関係から切り離してしまうと理解できなくなる。したがって、プラグマティストとロマン主義者は、普遍性を理解の典型的特徴とすることを拒絶するという点で同意見になる。私たちが事物とのあいだに持つ基本的・局所的・一時的で文脈に埋め込まれた認知的関わりの本質的諸特徴は、それらの事物を一般化することでたまたま生み出されるものにおいては濯ぎ落とされてしまう。両者とも、必然性というものは例外的であって、人間の生が伴う莫大な偶然性という背景に照らしてはじめて理解可能になるのだ、と考えている。両者とも物理学よりも生物学を強調し、有機的なものという概念のうちに、心と世界のあいだに峻厳すぎる区別をむやみに適用することで付けられた二元論的な傷跡を癒す概念的リソースを見出している。欧州の啓蒙思想は、「理性という自然の光」を、共有されている、すなわち〔人間に〕共通しているという意味において普遍的であると考えた。それゆえ、ある私利私欲のない科学者が煉瓦のひと積みとして知識の殿堂に加えることがありえたものは、原理的には、他の科学者の手によって〔知識の殿堂に〕積み上げられることもありえたのである。それに対して、プラグマティストは、到来していた近代の産業経済における分業というものを鑑み、もっと正真正銘の、それぞれにつながりあった、より生態学的な意味において、理性のなす仕事は社会的なものだと考えた。つまりそうした意味においては、個々人の貢献は相互交換不可能で掛け替えのないものであり、それぞれが共通の仕事に対して独自の貢献をするかもしれないのであり、その共通の仕事のためにはさまざまな種類の技術や反応、アイデアや評価が必要であり、それらすべてが集まることで、個々人が適応・進化してゆく環境となっているのである。プラグマティストたちは、そうしたアプローチの細部を補う方法として合理論と自然主義、そしてダーウィン的な統計学に基づく科学主義の混合という独自の態度を打ち出してはいる一方で、ここでもまた彼らは、いくつかの一般的問題に関してロマン主義者と共同戦線を張っているのだ。

とはいえ、プラグマティズムはロマン主義の一種ではない。これらふたつの思想運動は啓蒙思想の主知主義に対する反感を共有しているが、プラグマティズムは、その反動で理性の拒絶に陥ったり、思考よりも感覚を、経験よりも直観を、そして科学よりも芸術を特権化する方向へ進んだりすることはない。プラグマティズムは、知的というよりむしろ実践的なもの、抽象的な言表（saying）ではなくむしろ知的な行為（doing）によって表現されるものとして理性を捉える考え方を提供する。変化しない普遍的な原理に熟達していることではなく、むしろ柔軟性と適応性こそが理性の主要特徴である。つまりそれは、プラトンの理性というよりむしろオデュッセウスの理性なのだ。[3] しかし、〔いずれにせよ〕自然についての主張に関しては自然科学が最終的な権威を有しているとされるという意味では、どちら〔の理性〕も自然界の一部と考えられる。プラグマティストも唯物論者ではあるが、彼らのそれはニュートン的唯物論ではなく、ダーウィン的唯物論である。進化論的な自然史の他にもプラグマティストの着想源となった生物学があり、それは、（主に一九世紀前半のドイツで起きた）解剖学から生理学、構造から機能への関心の移行の結果として生じたものである。ドイツのロマン主義の風潮がこうした展開を促進する環境をもたらしたのかもしれないが、ロマン主義者の有機体メタファーの着想源になっていた生気論的な生物学は、ウィリアム・ジェイムズが研鑽を積んだドイツの研究室で追求されていた目を見張るほどに近代的な種類の生物学の前身ではあるものの、当時にはもう恥ずかしく思われるような、前科学的なものでしかなかった。

実際のところ、ロマン主義はアメリカン・プラグマティズムに対して、直接的な影響をほとんど及ぼさなかった。この点も、欧州におけるさまざまな形式の一九世紀の唯物論とは対照的である。間接的な影響としてはヘーゲルの観念論（特にパースとデューイにとって重要であった）を経由したものがあったのだが、プラグマティストにとってヘーゲルの合理論は、彼のロマン主義と同じくらいの重みのものであったのだ。ラルフ・ウォルド・エマソン（Ralph Waldo Emerson）の超越主義は、独特の仕方で濾しとられて姿を変えたロマン主義的考えを流通させたもうひとつの水路といえる。それはボストン界隈で、おそらく支配的とまではいかないが、広まっている思想であった。チャールズ・パースやウィリアム・ジェイムズ、そしてオリバー・ウェンデル・ホームズ・ジュニア（Oliver Wendell Holmes Jr.）（彼はプラグマティズムという名称を、近代的な世界観のなかに宗教の居場所を見出そうとするジェイムズの「情緒的な」試みと結びつけていたため、自身がプラグマティストと呼ばれることを拒絶していたが、それでもなおプラグマティストであった）が最初に文化変容を経験した場所がボストン界隈であり、エマソンの超越主義が彼らの思想に複雑な仕方で影響を及ぼしたことは明らかである。しかしプラグマティストたちは、自分たちはルネ・デカルトやロック、ヒューム、そしてカントの啓蒙思想の哲学的伝統の連続線上にいると考えた。いま挙げた思想家たちはみな、哲学者であることは、科学についての哲学者であることだと考え、新しい科学が世界〔そのもの〕について教えてくれるはずのことだけでなく、世界について知り、その世界内で行為する主体である私たちについて〔新しい科学が〕教えてくれるはずのことをこそ何をおいても理解したのだ。一九世紀の科学の発展は、啓蒙思想の偉人たちが餌食となった概念的病理に対処するために必要とされる修正をもたらすはずであった。適切に理解されれば、そうした発展は、啓蒙思想の中心にある合理論的衝動と唯物論的衝動とを、〔両方に〕融和的な経験論的自然主義において調停することができるはずだ。プラグマティストは、ロマン主義の反啓蒙思想的な目論見のいくつかの要素をまったく別の手段で追求してはいたのだが、自分たちとしては常に、自然界についての同時代の最良の科学的理解の観点から、合理性、理解、行為者性、自己といった先人から受け継いだ諸観念を再考するという基本的な哲学的任務を手助けする、協力的な修正案を提供していると考えていたのである。

4　プラグマティズムとアメリカ

とはいえプラグマティズムは、ロマン主義的衝動に感化されることがなかったというだけでなく、それよりはるかに重要なさまざまな意味において、際立ってアメリカ的な思想運動であった。私たちは、ルイ・メナンド（Louis Menand）の著書『メタフィジカル・クラブ――米国一〇〇年の精神史』[4]によって、プラグマティズムがその生まれ故郷の文化的・歴史的土壌の特質にいかにたくさんのものを負っているのかという、まさにそのことを教えられた。プラグマティストたち自身は、わけても哲学的な伝統に言及することによって自分たちの見解を位置づけ、動機づける傾向があった。彼らは結局（ホームズという例外はいたが）、経歴のどこかの時点では少なくとも、専門の哲学者であった（パースの場合は、慢性的に職にあぶれていた専門哲学者であったが、要点は変わらない）。彼らの仕事を解釈する人たちもまた専門哲学者であり、その人たちもこうした〔哲学的な伝統に言及するという〕実践的慣習にならうという点でプラグマティストに追随した。メナンドの偉大な業績は、文化のピントを調節して、プラグマティストたちの登場する場面〔を写し取るカメラ〕の被写界深度を深めたことである。

メナンドが提供する文脈は、先述の導入部で概略を述べたような種類の哲学的・科学的考察を超えて、さらにもっと広がっている。アメリカの精神史には、知的な事柄に関する歴史以外に、いかにもっとたくさんの事柄があるのかを、彼は示している。大衆的民主主義の興隆、産業資本主義の圧倒的繁栄、大学教育の、あるいはより一般的に言えば上位文化(ハイカルチャー)の制度的な専門化、そしてアメリカの文化的重心が脱中心化して、ボストンにあった元来の本拠地から移動したこと、これらすべてのことが、プラグマティズムの発展を形作ったばかりか、プラグマティズムをアメリカ特有の現象として、取り消しようのない仕方で〔歴史に〕刻印した、ということが示されているのだ。メナンドは、こうした強大な歴史的諸力と、彼にとっての英雄である、理想に突き動かされていたプラグマティストたちの特殊性・特異性・人柄の間にどういった関係があるのかを、手際よく描写している。彼の議論の主要な柱のうちのひとつは、プラグマティズムの誕生と成長における、南北戦争の経験の意義に関わっている。

南北戦争以前のアメリカ北部州の政治は、奴隷制廃止論者とユニオニストとのあいだの意見の不一致によって突き動かされていた。廃止論者は、絶対的な道徳的原理の観点から奴隷制を捉えた。つまり廃止論者いわく、奴隷制は悪であり、それゆえアメリカはどんな対価を払ってでもそれを廃絶せねばならない——必要とあらば、連邦（ユニオン）を清廉に保つために南部州を切り離すことも辞さない。それに対してユニオニストは、奴隷制は悪であるとは認めながら、しかし南部州の白人たちの経済的・文化的利益を認め、連邦全体を維持することを目指して、奴隷制をもっと段階的に、数十年かけて廃絶する方法を見つけるべきであると主張した。南部州が離脱したことで、これら両陣営は連邦に忠誠を誓う陣営としてひとつにまとまり、ユニオニストの主張は現実的ではなくなった。サムター要塞への攻撃によって戦争が不可避となったが、その戦争は、ユニオニストはもちろん、多くの奴隷制廃止論者にとっても、予想も希望もしていない戦争であった。ハーヴァードの若者たちも理想に燃えて戦いへと赴いたが、その後に続いた恐ろしい暴力によって、彼らの考え方はもはや後戻りできないほどに変わってしまった。断固たる奴隷制廃止論者であったホームズは、一度ならず重傷を負った。ジェイムズは戦闘兵ではなかったが、彼の弟たちのうちのふたりは戦闘兵で、ひとりは重傷を負った。パースも他の面々と同様、友人や学生時代の仲間が重傷を負ったり亡くなったりした。

彼らは南北戦争を、結局のところ、アメリカ民主主義のとてつもない失敗であるとみなした。私たちが誇る民主的諸制度は、それ自体では奴隷制という、リスクの高い道徳的・経済的問題に対処できないことが露呈したのだ。政治的に解決できない諍いは、武力衝突に陥ってしまった。他の誰よりも戦闘に近い現場にいたホームズは、自身の経験から引き出した教訓について、そしてその教訓が人生を通じての彼の思考の道すじに及ぼした影響について、誰よりも赤裸々に述べた人物でもあった。メナンドの説明はこうだ。「ホームズが戦争から持ち帰った教訓は一文で言い表せる。それはつまり、揺るぎない確信（certitude）は暴力に至るということだ」（［『メタフィジカル・クラブ』原著］p. 61）。しかしメナンドはまた、説得力のある論拠を挙げて、大まかにはそれと同様の力学が、メタフィジカル・クラブの他の創立メンバーたちにも作用し、彼らに同様の一般的結論を引き出させたのだと論じている。民主主義の首を締めたのは、柔軟性も妥協もなしに原理にコミットすることであった。［むしろ］必要だったのは、信念に対する別様の態度である。つまり、イデオロギー的な確信のより弱い、より試行的かつ批判的な態度、すなわち、自分たちの信念とは、これまでの探究から導かれた常に暫定的な結果であり、新たな証拠や経験に照らして行われる実験的検証や修正に左右されるもの、状況の変容や文脈の変転、あるいは関心の変化によって廃れてしまう可能性が永遠につきまとうものであるとする態度である。メナンドの本ではこの点について次のような仕方で述べてはいないが、アメリカ南北戦争は、プラグマティストの啓蒙思想を形づくる上で、それ以前にあった欧州の啓蒙思想に対して宗教戦争が果たしたのと同様の役割を果たしたと見ることができる。

熱狂的な政治的確信が民主的制度を圧倒し、ボールズブラフやアンティータム、そしてスポットシルヴァニアの血塗られた一角においてホームズが経験した（そしてたまたま生き延びた）たぐいの無意味な殺戮に避けようもなく至ってしまった。プラグマティズムが生起した際の周囲の精神的風土はこうした経験によって形づくられたのであり、メナンドはこのことを、読めば読むほど説得力を増す仕方で論証している。しかし、こうした歴史的な要因とプラグマティストが抱くようになった哲学的理論の内容とのあいだにどういった関連性があると考えているのか、彼自身の論述はさほど明快ではない。たくさんの問題を分けて考える必要がある。というのも、プラグマティズムは戦争の影響なしには生起しなかったかもしれないが、そうした必要条件でしかないものを指摘したところで、それが生んだ思想を理解するのにはほとんど役立たないかもしれないからだ。結局のところ、アメリカのまた別の特徴的な文化現象であるジャズを可能にした決定的な物質的条件のひとつは、南北戦争が残していった余剰軍需品の安価なラッパや軍属楽団の楽器が巷に溢れたことである。しかし、そのことを知ったからといって、何がジャズを特別なものにしているのかについて、多くのことがわかるわけではないだろう。

5　プラグマティズムとは信じることについての思想なのか、それとも信じられていることについての思想なのか

まず、南北戦争以前にあった（多少なりと）民主的な政治実践が失敗に終わったことについて考えると直ちに現れてくる視点は、基本的な行為志向的信念を人はどのようにして抱くのかに関するものだ。妥協すること、うまく受容すること、（環境との）相互作用を通した適応を進めることを排除してしまうものは、次のような種類の揺るぎない確信である。すなわち、反対意見を容認せず、いかなる留保も認めず、他の重要原理とかち合う可能性もそうなることの意義も無視して、他人のもしかし

たら価値があるかもしれない狙いや当の共同体の枠組みとなる制度の安定性にとって、その絶対主義がどういう実践的帰結をもたらすかということに無頓着でいるような種類の確信である。しかしプラグマティストは、**信じる**（believ*ing*）という行為についての――大まかに言えば、可謬主義は狂信よりもましな態度であるという――結論を引き出すだけではない。プラグマティストの哲学理論の中核をなすのは、**信じられている**ないし**信じうる**（believ*ed* and believ*able*）内容についての説明である。メナンドの魅力的でためになる物語から最も説明に役立つ果汁を搾り出すためには、信じるという行為ないし態度の理解が、どのようにしてそうした行為・態度の内容の理解と結びついていて、その本質的特徴になっていると考えられうるか、ということについて知る必要がある。

　さらに、信念はどのようにして抱かれるべきかというレベルにまで踏み込むならば、すぐさま導かれる教訓は、政治的信念に関するものだろう。政治的信念とはすなわち、私たちの**実践的**な事業、とりわけ**協力**、あるいは**私たち**が全員でやろうとしていることについての決定を含む事業を方向づけるために用いられる信念である。そうした実践的な政治的コミットメントのどの特徴が容認可能か、望ましいか、あるいは擁護可能かについての私たちの見積もりに関する考察が、理論的コミットメントや信念的コミットメントへも応用できるように――**私たちがすべき**ことについての主張から、自然界においてどのように**事物はある**のかについての主張へと――持ち越せるのかどうかは明らかでない。

　メナンドが説得的に述べるように、抽象的で絶対的な政治原理が民主的制度によっては消化できないと明らかになり、しかもそれが想像の及ぶ限りで最も暴力的な形での対立解消に行き着いてしまうことを目の当たりにしたことによって、プラグマティストの着想が実際に動機づけられていたとしてみよう。もしこれが本当だとすると、私たちが何をすべきか決定するという実践的領域において適切な教訓を、どういった信念が真なのか決定するという理論的領域にまで不当に拡張してしまうという罪を、プラグマティストは犯していないだろうか。そうした動きについて、次のような考え方があるかもしれない。すなわち、道徳という実践的領域において、欧州の啓蒙思想が教えてくれたのは、私たちの道徳原理の権威が、それに先立って存在している、永遠で人間的ならざる存在論的（神学的）な実在にその原理が一致している（ないしその鏡像である）ことに由来している、と考える必要はないということであった。そのように考える代わりに、私たちは道徳原理を、私たち自身の合理的活動の産物として、つまり、私たちが最終的には自分で責任を引き受けるものとして捉えることができるし、そうすべきでもあるのだ。カントはこの点を、「啓蒙とは何か」（"What Is Enlightenment?"）のなかで次のように述べている。すなわち、そうした責任を引き受けることによってこそ、人類は、父なる権威からの教えを自分で自分に課す青年期から、自律的で成熟した大人の段階へと移行する。そして、第二の啓蒙思想〔（プラグマティズム）〕はかの〔第一の啓蒙思想の〕教訓を繰り返すかもしれないが、ただし今度は理論的側面においてそうする。それはつまり、行為のための規範ばかりか、信念のための規範をも、私たちがなすことであり私たちが責任を引き受けるべきものとみなすこと、外来的で人間的ならざる実在という権威を反映するものでなくともよいとみなすことだろう。そのような権威は、かつての神さま（Nobodaddy）[4]が学識者（the *érudits*）にとってそう見られるようになったのと同じくらいに、〔もはや〕神話的で、不必要で、究極的には子供向けでしかない概念上の産物であるとみなされるようになる。デューイやジェイムズから着想を得たリチャード・ローティは、第一の啓蒙思想の仕事を終わらせるために必要となるであろうものについて、まさにそういう構想を力説してきた[5]。彼は、神からの命令という観点で道徳的規範を考えることから、社会的な合意という観点で道徳的規範を考えることに移行した後に続くのは、信念が真であることについて、実在との一致という観点で考えることから、私たちの仲間たちとの合意という観点で考えることへの移行であるべきだと論じている。

こうした構想が受けやすい批判は、そのようにして理論的なものを実践的なものに同化させるなかで意図（intentions）と信念の区別が省略されてしまっているというものだ。意図には、世界から心へという適合方向があり、その目標は、世界が私たちの態度に合致することである。信念には、心から世界へという適合方向があり、その目標は、私たちの態度が世界に合致することである。G・E・M・アンスコム（G. E. M. Anscombe）は自身の古典的著作『インテンション』（*Intention*）の中で、この違いについて説明すべく、買い物リストに基づいて買い物をする人と、その人の後をつけてその人が買ったもののすべてを自分の一覧表〔（買った物リスト）〕に書きとめる作業を任された探偵の寓話を持ち出している[6]。ふたつのリストは、ふたつの適合方向の違いを表している。買われた物がリストに記載されたものと一致しない場合、前者の事例では、誤りは買われた物のうちにあり、後者の事例では、誤りは〔リストに〕書かれている事柄のうちにある（ランプのつくる影と鏡に映る像の違いと対比せよ）。となると、第一の啓蒙思想は、実践的なものに、理論的モデル、観衆説的モデルを不適切に使用すること――こうすると、あたかも、私たちは何をすべきかについての推理が、私たちは事物がどうであると信じるべきなのかについての推理と同様、それに先立って存在する実在の鏡写しとなっており、その権威が推理の正しさを安定させていたかのように考えられてしまう――から私たちを解放してくれていると見ることができる。古いものの見方では、実践的な事柄について、誤った適合方向を適用していた。けれども、この古い見方をひっくり返し、理論的なものがあたかも実践的なものに合った適合方向を有しており、それゆえ実践的なものに合った権威と責任の構造を有しているかのように理論的なものを扱うというだけでは、きっとこの教訓についての誤解となるであろう。

しかしプラグマティストはそのようなことはしない。実践的領域はただひとつの適合方向のみを持ち、理論的領域はそれと相補的な適合方向のみを持つという二元論を、プラグマティストは拒絶する。彼らはまず、介入と学習の円環的プロセス、つまり、最初の状況を知覚し、そのなかで行為して結果を知覚し、新しい行為に至る（手段と目標の両方の改良を含む）というプロセスを考え、そうした円環的プロセスは収束するか棄却されるまで繰り返されるとする。これこそ、プラグマティストが「経験」と呼ぶものなのだ。彼らにとって、信念と意図についての議論は、そうしたプロセスからもろもろの段階や側面を抽出した結果としてのみ理解できる。私たちの信念は実践的帰結を伴っており、私たちの意図は理論的条件を伴っている。実際の探究や実践的プロジェクトに取りかかる際に、ひとつの適合方向にだけ気づいていてもう片方の方向に気づかずにいるということはない。この段階においてプラグマティストは、伝統的になされてきたこれらのカテゴリーの捉え方のままで実践的なものに基づいて理論的なものをモデル化するというのではなく、進化と学習に代表されるようなたぐいの生物と環境の生態学的・適応的な相互作用のプロセスという観点から、〔理論的なものと実践的なものの〕両者を新しい仕方で概念化しているのである。

もうひとつの批判についてはどうだろうか。すなわち、プラグマティストは、どのようにして信念が抱かれるべきかについての見解（試行的・暫定的・調整的に〔信念は抱かれるべきという見解〕）から、信念とは何なのかについての見解（〔信念とは〕実際的な事柄に対処する戦略のようなもの〔であるという見解〕）へ、つまり信じるという態度についての洞察から、信じられている内容についての主張へ、横滑りしてしまっているという批判だ。ここでもまた、プラグマティストは（パースの思想とデューイの思想が持つヘーゲル主義的なルーツに沿って）、〔発話の〕力と内容、なすことと考えること、語用論と意味論の二元論に抵抗するために、信念と意味を新しい仕方で概念化しようとしている。彼らの戦略は、ふたつの部分から成ると考えられるだろう。第一に、事物がかくかくしかじかであるということを信じている、あるいは知っていること（私たちに特徴的な、明示化されていて安定した理論的態度のカテゴリーである）というのは、あることをどのようにしておこなうかを熟知していること（私たちに近しい哺乳類や私たちの祖先といった、知能を持つが理性的ではない動物たちに特徴的な、陰伏的で、行動において発現しうる、実践的な能力のカテゴリー）の観点から理解されるべきである。[7] プラグマティストの疑問は、概念的に有内容な信念を保有しているとみなされるためには、何をすることができなければならないか、ということだ。そして彼らの答えは、実践的推論における信念の役割、つまり、信念が行為の理由になれるということに着目したものなのだ。というのも、彼らの第二段階の歩みは、信念の命題的内容について一種の機能主義を打ち出すこと、つまり、使用の観点から意味を説明することだからである。信念の内容と文の意味は、探究と目標追求が密接に絡まり合った、生物と環境の相互作用を経た知的な適応プロセスにおいて、信念や文が果たしている役割の観点から、理解されることになる。心の哲学における機能主義の（そして最近では目的意味論の）戦略は、二〇世紀後半を席巻している。しかしプラグマティストこそ、彼らの先駆者であったと考えられて然るべきである。

6　道具主義的プラグマティズムの四つの過ち

そうした〔プラグマティズムが心の哲学における機能主義の先駆者である〕ことが一般的に認識されていないのだとしたら、その原因の一端は、プラグマティストが〔自らの用いている〕方法論についての自己認識を適切に明確化できておらず、語用論と意味論の関係（つまり、言葉によってなされることと言葉が意味することの関係、あるいは信念保持者の行動の効率的運用において信念が果たす役割とそうした信念の内容の関係）についての機能主義的な一般的戦略（strategy）を、その戦略を遂行するために用いられる具体的な概念的戦術（tactics）から分離できなかったことにある。そしてこうしたより具体的なレベルには、プラグマティストの考えが招く本当の問題がいくつか存在するのだ。というのも、プラグマティストは道具主義的意味論を提示して、真理条件よりもむしろ成功条件の観点から内容を理解するからである[8]。この考えは、馬鹿げたものではない。しかし、それから一世紀の間に哲学的意味論が盛んに展開した後となっては、そうした説明が応えられなくてはならない十全性の基準は当時よりはるかに詳しく解明されており、そうした説明が陥りやすい誤りも明らかになっている。現代のこうした見晴らしの良い視点から見れば、プラグマティズムのプログラムの道具主義バージョンには四つの目立つ過ちがあるのだということがわかる。

第一の過ちはこうだ。プラグマティストは、信念保持者と周囲の環境とのあいだの相互調整において信念が果たす役割を考える際に、信念の実践的帰結を見るという、下流に向いた視点しか持っていない。つまり彼らは、信念の役割を、実践的推論の前提としてしか見ていないのである。信念の前件を見る、上流に遡る視点を彼らは持っていない。すなわち、信念の役割を、推論の結論として見る、あるいは他の信念形成プロセスの結果として見る、ということをしていない。この点ではプラグマティストは、伝統的な経験論が持つ意味論に特徴的な、経験のうちに信念の起源があることばかりを強調する態度を、すっかり逆転させている。しかし、どちらの考え方にしても一面的であり、片方だけでは、信念の機能的役割が相補性を持つという極めて重要な側面が置き去りになってしまう。なぜなら、信念の役割を、事実に関する因果関係ネットワークの結び目(ノード)と考えるにせよ、規範的な推論関係ネットワークの結び目(ノード)と考えるにせよ――これらは機能主義の二通りの趣向にそれぞれ対応している――、〔信念の〕前件と帰結との両方を見なければならないからだ。

言語ゲーム内での役割によって表現に与えられる意味というものは、その表現が適切に発話されるのはいつなのかを特定する、その表現の適切な適用の状況と、その表現を発話すると続いて何が起こるのが当然であるかを特定する、その表現の適用の適切な帰結という二者のペアに相当する。[9] そのどちらも、片方だけでは役に立たない。というのも、同じ状況下で適用してもその帰結がさまざまであるような文や、帰結は同じになるが適用状況はさまざまであるような文がありうるからだ。どちらの場合でも、当の表現はさまざまな意味を持つだろう。前者の例としては、「予見する（foresee）」という語の用法を次のようなものとして整備してみたとしよう。《私はヘーゲルについての本を書くだろう、と私は予見する》という文は、《私はヘーゲルについての本を書くだろう》という文とまったく同じ状況下で、適切に主張される（この文が表現している信念は適切に獲得される）。しかし、これらの文からは相異なる事柄が導かれるので、これらの文は相異なる意味を持つ。このことは、ふたつの条件文、《私がヘーゲルについての本を書くならば、私はヘーゲルについての本を書くだろう》と《私はヘーゲルについての本を書くだろう、と私が予見するならば、私はヘーゲルについての本を書くだろう》の相異なる身分について考えれば明らかである。前者の同語反復的な推論は、至極確実なものである。後者が真であるかどうかは、私がどの程度予見することを得意としているか（や私がバスにはねられるかどうか）に左右される。第二の論点〔帰結は同じだが適用状況が異なる文〕を了解するためには、次のことに注意せよ。すなわち、誰かがある行為について責任があるとか、その行為は不道徳だ、罪深い、とかいった主張があったとする。そうした主張をしたり〔その主張に含まれる〕概念を適用したりすることが適切である状況について何も知らない人が、その主張から何が導かれるのかを知っていながらにして、だからといってその問題になっている主張や概念を理解しているとはみなされないということがありうる。経験論、検証主義、信頼性主義、そして確言可能性主義の（assertibilist）意味論の理論には、いずれも欠陥がある。なぜなら、どの理論も、表現の適用状況ばかりを注視して、表現適用の帰結を見過ごしてしまっているからだ。プラグマティストの意味理論は、それとは相補的な関係にある過ちを犯しているために欠陥がある。つまり、帰結ばかりを注視して〔適用〕状況を見過ごすという過ちを犯しているのだ。実際のところ、意味にとっては、これら両方の側面が本質的に重要である。

道具主義的プラグマティストが犯しかねない第二の過ちは、行為を正当化することあるいは生み出すことにしか、信念の役割を見ないことである。[10] しかし、信念の内容を分節化する際には、さらなる信念を正当化したり生み出したりするという信念の役割が、同じくらいに重要なのである。後者の役割を前者に還元できる、あるいは前者の役割だけで説明し尽くせる、などと考えてしまってよい理由はない。当該システムの出力との関係によってだけで（あるいは前掲の論点を引き受けて、出力と入力によってとしてもよいが）内的状態の内容を定義するというのは、広い意味では行動主義的な戦略である。そして、私たちがここ四十年ほどの間にこうした事柄を咀嚼してわかってきたことのひとつは、内的状態同士の関係も考慮に入れることにより、はるかに強力で妥当な説明が生まれるということである。これこそまさに、心の哲学において、機能主義が行動主義よりも説明上の価値において優れている点なのだ。プラグマティストの取り組みを動機づけている一般的な考察はいかにも機能主義的なのであるが、彼らがそうした考えをひねり出したときには、このあたりのさまざまな区別や考察がまだ整備されていなかったので、プラグマティストたちは行動主義者の観点からそういうことをしたのである。

プラグマティストの道具主義的意味論が抱えるこれらふたつの困難を脇に置いたとしても、第三の困難が立ちはだかる。というのも、行為（の成功や失敗）から信念の内容へと移行しようとする際に、プラグマティストは、その等式のなかに必要な第三の構成要素、つまり、欲求、選好、目標、あるいは規範を無視してしまっていたからである。傘を閉じるというあなたの行為が、雨が止んだという信念帰属を裏づけるのは、あなたは雨に濡れずにいたいという欲求を持っているという想定を背景にした場合だけである。そうではなく、もしあなたが雨のなかで歌って踊りたいというジーン・ケリー（Gene Kelly）のような欲求を持っていたのだとしたら、あなたの信念内容を特徴づけるに際して、その〔傘を閉じるという〕行為はかなり違った意味合いを持つだろう。そして、これは十分に一般的な話である。信念がどういった行為を合理化したり生み出したりするのかは、それと一緒になっている欲求や狙いや賛成的態度がどうであるかに左右される。(11) 私たちの行為の成功条件は、私たちが信じていることによって左右されるのはもちろんだが、それと同じくらいに、私たちが何を欲しているかにも左右されるのだ。現代の合理的選択理論は、こうした洞察を理論に組み込んでいる。この基礎的な観察知見が、信念と欲求の意味論的内容はいずれも等しくこちらで按配できるという洞察（これは、信念と欲求の意味論的内容をその〔行為という出力を導く〕プロセスへの入力として〔既定のものとして〕当然視する合理的選択理論のアプローチとは逆である）と組み合わさったおかげで、ドナルド・デイヴィドソンは、狭い意味でプラグマティズム的な意味論の考え方を受け継ぐ、洗練された解釈主義的見解を導き出した。〔現代の視点から〕振り返ってみれば、そういった構造的な修正を加えなければプラグマティストの戦略がうまくいかないということは明らかである。

第四の問題は、第三の問題と密接に関係している。というのも、欲求は信念とは独立に変化しうるということの重要性を捉えそこなっているにもかかわらず、プラグマティストは欲求を単純に無視してはいなかったからだ。むしろ彼らは、行為の成功を欲求の充足と同等視して、〔欲求の〕充足とその結果としての〔行為の〕成功を導く信念にこそ、特別な望ましい性質があると考えようとした。こうして導かれたのが、古典的な真理概念の、プラグマティストなりの後継案である。プラグマティストたちの言う意味合いにおいて、真なる信念とは欲求の充足を導く信念であった。しかし、彼らの説明戦略のために必要とされる欲求とその充足という考えは、致命的なほどに曖昧だ。この考えは、概念を介していない性向と概念的に分節化されたコミットメントとをごた混ぜにしてしまっており、そのやり方は、ウィルフリド・セラーズが欲求ではなく信念についてではあるが、「所与の神話」という標題のもとで批判対象としたのとまったく同じものだ。[12] というのも、一方では、欲求は痒みや喉の渇きと同様のものと考えられている。つまり、この意味での欲求は、その欲求を有するだけで、それが充足されているかどうかわかる。もはや何かをするために動くということをしない人がいるとしたら、その人の欲求は充足されている。仮に、先に指摘した点はいったん保留するとして、行為がこの意味での欲求充足に成功することから信念が真であることを推論できるのだとしたら、プラグマティストの意味論的戦略は健全だということになろう。ここで考えられていることは、実践的推論、すなわち意図形成と行為遂行に至る推論における、信念と欲求の役割を活用することによって、そういった移行をするということである。しかし、信念と一緒になって行為の合理化において役割を果たす欲求というものは、痒みや喉の渇きのようなものではない。そういった欲求は、信念が有しているのと同種の、概念的に明示化された命題的内容を有している。生の感じに触れただけでは、ボールが輪っかを通り抜けてほしいという私の欲求が充足されているかどうかはわからない。ましてや、工学的問題が解決していてほしいという欲求や世界平和の達成される確率が上がっていてほしいという欲求が充足されているかどうかなど、なおさらわからない。というのも、その種の欲求が充足されているかどうか明らかにすることは、ボールが輪っかを通り抜けた、工学的問題が解決した、世界平和の達成される確率が上がった、といったさまざまな主張が真であるかどうかを明らかにすることに他ならないからだ。行為の理由の要素であるその種の欲求の充足は、信念の内容という概念的な領域へ立ち入るための非〔概念〕媒介的で非概念的な進入口など提供してくれない。信念が真であることを説明しようとする際に、まず、欲求の充足（行為の成功）から始めることによって説明上の足場が得られると考えてしまう唯一の理由、つまり、意味論における道具主義的戦略を追求してしまう唯一の理由は、二種類の欲求を混合してしまっていることによる。というのも、その戦略をうまく進めるために必要とされているのは、何が真であるかを決定せずともそこが掻かれたかどうかがわかるという点で痒みのようであり、かつ、命題的内容を持つ信念と推論的に組み合わさることで行為の理由を生み出すという点で、概念的に分節化された欲求のようでもあるものだからである。しかしこの両方を兼ねられるものなど何もない[13]。伝統的な近代初期の、*Erlebnis*としての経験という捉え方は、一挙両得を狙ったものであった。（この困難は、セラーズの言った、経験するという行為と経験される内容のあいだにある「悪名高い「する」/「される」の区別」を省略してしまうことによって引き起こされる問題とは別の軸にある。）まさにこの点において、傾向性と因果による機能主義と、推論と規範による機能主義は、袂を別つ。〔セラーズが〕所与性を神話と呼んでいる背景にあった難問は、カントが教えてくれたおかげで私たちが尋ねるようになった次の問いなのだ。すなわち、経験（であれ何であれ）は、（傾向性を与えるという仕方で）人を性向づけるだけなのだろうか。それともそれは、人が主張したり結論を引き出したりすることを正当化するのだろうか。

一世紀以上経過した後の私たちが今立っている見晴らしの良い視点からすると、信じられるべきこと（*credenda*）をなされるべきこと（*agenda*）の観点から説明するためのプラグマティストの道具主義的な意味論の戦略には基本的に不備があり、それゆえ、彼らの述べる意味と真理の理論も基本的に欠陥があるということがわかる。これはもちろん、彼らには目覚ましい考えはなかったとか、彼らはまったく進歩をもたらさなかったとか、私たちが彼らから学ぶべきものなどもうないのだとか言っているのではない。私たちは今やもう、アメリカのアカデミックな哲学界でプラグマティズムの後に続いた論理経験主義の意味論の戦略がうまくいかないこと、そして、論理経験主義者の意味と信念の捉え方もまた誤っているのだということもわかっているのではないだろうか。そうした先人のさまざまな試みの批判的検討のおかげということも大いにあって、多大な努力を経て、現代の基準が達成されてきた。〔プラグマティズムと論理経験主義の〕どちらの陣営の洞察から出発するにせよ、こうした現代の基準に従ってよりうまくやってゆける理論を編み出すためには、大々的に、取捨選択や、足りない部分の補足、そして再解釈をすることが必要になるだろう。

7　古典的プラグマティズムの進歩的だった点とは何か

プラグマティストのさまざまな動機と、それらの動機に対するプラグマティストたちのさまざまな応答を、次のようなふたつのカテゴリーに分けてみるのは有益な頭の体操になるだろう。ひとつは、より大きなほうで、指針を表す、戦略的なコミットメントである。そしてもうひとつは、より局所的なほうで、実行に直結した、戦術的なコミットメントである。（この種の分別の例を挙げておく。デカルトの存在論的意味論は、世界を〔まず〕表象項と被表象項に一般的に分ける〔という戦略を採る〕。そのうえでデカルトは、表象項を、訂正不可能であり非媒介的な仕方で自己告知的なエピソードとし、被表象項を延長があって運動をするものとする理論によって、この考え方を補完する〔という局所的戦術を採っている〕。このように道具立てを整備したとしても、表象項／被表象項の関係の典型例としてデカルトが念頭に置くものは、代数方程式という言説的なものと、そうした方程式がデカルトの代数的な座標幾何学において特定する延長のある幾何学的図形との関係であるという事実を、枠組みを与える一般的なコミットメントとして扱うべきか、そうした考え方を補完する〔局所的な〕ものの一部として扱うべきかというのは、当を得た問いだ。）私の批判は主に後者のカテゴリーに向けられる。これはつまり、プラグマティストがより広い領域にわたって枠組みを与えるコミットメントを引き受けようとする際の、より細かい方法に相当する。枠組みを与えるそうした〔より広いほうの〕コミットメント、つまり、プラグマティストがより細かい仕事をすることによって自ら引き受けようとしていると思われる〔より広いほうの〕コミットメント自体は、概して賞賛すべきものである。

プラグマティストの思想の大きな特徴のなかで、私が進歩的だと思うものは、次の通りである。

- プラグマティストたちはダーウィン主義者で、進化論的自然主義者であった。当時の最良の新しい科学の特徴をなしている新たな説明構造のおかげで可能になったものの見方によって、世界、私たち、そして世界についての私たちの知識を再解釈しようとした。
- 刷新された経験論が、方法論上、存在論における自然主義に合致したものであったおかげで、プラグマティストたちは、*Erlebnis* ではなくむしろ *Erfahrung* としての経験の概念を発展させた。つまり〔彼らの経験概念は〕、状態ないしエピソードというよりむしろ、状況に埋め込まれていて、身体化されており、相互作用のなかで培われ、そして学習としての構造を持つ、プロセスなのである。その標語（スローガン）は、「実験なしには経験はない」といったところだろうか。表象することと介入することとは、彼らにとって、一枚の概念的コインの表と裏なのである。あるいは、イメージに訴える表現を控えるなら、それらは、進化と学習に共通した選択的・適応的構造を示すプロセスの諸側面に関する、相互に意味が依存し合っている概念なのである。

- プラグマティストたちは、認識論的問題よりも意味論的問題をこそ優先的に説明しなければならないと見抜いていた。これはカントの偉大な教訓のひとつであった。それゆえ彼らは、〔彼らの解釈方法による〕経験の観点から、すなわち、学習の際の役割という観点から、内容を理解しようとする。彼らは、静的で永続的な状態としての知識に到達することを目指すべき目標として考えるのではなく、適応としての実践的理解という動的なプロセスをこそ、目標として考えているのである。
- プラグマティストたちは、意味論的概念の規範的性格を理解していた。つまり、意味論的概念は、正誤、真偽、成否の評価を裏づけるのでなければならない。先の論述で批判した意味論的道具主義は、意味論的概念のこの規範的側面を自然主義的に説明しようとして彼らが採用した、より特殊な戦略である。
- 意味論においてプラグマティストたちは、「観念」説とは対照的な理論、内容についての魔術的でない、それどころか科学的な理論を展開しようとした。そうした理論は、志向性なる考えの趣旨（*purport*）についてではなく、観念が世界の事物を指示することに成功するかどうかについて――つまりは〔観念の〕志向性について――の懐疑的な懸念に建設的に応答する理論である。私たちがなす何かしらのことが積み重なれば、例えうまくいかない場合がそのなかにはあったとしても、あることを考えている、知っているということになるのであり、プラグマティストは、私たちのなすそういった事柄を把握しようとしたのである。そしてそういった事柄は、概念を持つ以前の段階の動物に可能なことと連続的な事柄である。プラグマティストは、有内容な状態が含んでいる概念を理解するために、今まさに発展しつつある、生物の共時的な行動体系全体のなかで、その状態がどういう役割を果たすのかということに注目しながら、志向状態を分節化する概念の内容について考えているという点で、広い意味では機能主義者なのであった。

●

理性や、〔あるいは〕最終的には科学理論や科学技術にまでなるたぐいの知性は、私たち人間についてのプラグマティストなりの捉え方において最上位の地位を与えられている。その一方でプラグマティストたちは、かくかくしかじかであると理論的に知っていること（theoretical knowing that）よりも、やり方を実践的に知っていること（practical knowing how）を重要視することによって、第一の啓蒙思想を苦しめた主知主義とプラトニズムをきっぱりと飛び越えてゆく。

こうしたレベルの非常に一般的な説明戦略において、プラグマティストについて最も見過ごされがちなこと、あるいはともかく、彼らを私たちから縁遠くさせてしまうことは何か。それは、二〇世紀哲学特有の言語に関する関心、さらに言えば言語によって確立・強化される自然との非連続性に関する関心を、プラグマティストが共有していないということである。二〇世紀の支配的なもろもろの哲学的系譜は、言語が中心にあるという感覚にどっぷり浸かっている。一方では、ジャック・デリダ（Jacques Derrida）において統合される、フッサール＝ハイデガー＝ガダマーの系譜と構造主義／ポスト構造主義の系譜がそうであるし、他方では、フレーゲ＝ラッセルからカルナップを経由して、セラーズ、クワイン、デイヴィドソンへと、そしてウィトゲンシュタインやダメットへと至る系譜もそうである。〔しかしプラグマティズムは、言語が中心にあるという考えに染まっておらず、〕その一因には、プラグマティストが概念的なものについての同化主義（assimilationalism）を採ったこと、つまり、概念使用者と有機的自然との間の連続性を強調したことがある。こうした連続性の強調もまた立派に信頼できるものであるし、今でもなお私たちは、言説的実践という最も人間ならではのものについて、自然主義的同化主義をとるか規範的例外主義をとるかの緊張関係を片付けられていないと言ってよいだろう。しかし私はこうも考えている。つまり、アメリカン・プラグマティストたちの構想から先にのびる哲学的な道すじは、後期ウィトゲンシュタインと『存在と時間』第一部のハイデガーと手を結んだ、言語的プラグマティズムでなければならないのだ、と。

注

（1）第七章で、ヒュー・プライスという英語圏での重要な例外について論じている。

（2）この主張については、第七章にて、「もつれテーゼ（entanglement thesis）」という名称のもとでさらに論じている。

（3）啓蒙思想の学説のこうした定式化はウィルフリド・セラーズに負っており、これは彼の科学尺度〔説〕（*scientia mensura*）として知られるようになった。セラーズの代表的著書であり、リチャード・ローティによる序文とロバート・ブランダムによる読解のための手引きが付された再版本である『経験論と心の哲学』〔浜野研三訳、岩波書店、二〇〇六年〕（*Empiricism and the Philosophy of Mind*. Cambridge, MA: Harvard University Press, 1997）の九三頁〔原書ではp. 83〕参照。

（4）Menand, L. *The Metaphysical Club: A Story of Ideas in America*. New York: Farrar, Straus and Giroux, 2001.〔ルイ・メナンド『メタフィジカル・クラブ――米国一〇〇年の精神史』野口良平ほか訳、みすず書房、二〇一一年。〕

（5）ローティの小論「普遍性と真理（Universality and Truth）」参照。この論文は*Rorty and His Critics*（Robert Brandom（ed.）. Oxford, UK: Blackwell, 2000）の第一章である。私は本書第四章で、ローティの見解のこうした側面についてさらに論じている。

（6）Anscombe, G. E. M. *Intention*. Ithaca, NY: Cornell University Press, 1957. Reprinted by Harvard University Press, 2000.〔G・E・M・アンスコム『インテンション――実践知の考察』菅豊彦訳、産業図書、一九八四年。〕

（7）これこそ、〔本書の〕序章と第二章で私が「基礎的プラグマティズム」と呼ぶものである。

（8）第二章で私は、こうした理論を「道具的プラグマティズム」（あるいは場合によっては「なまくらな（vulgar）プラグマティズム」）と呼んでいる。この理論には、粗野なものと洗練されたものがある。序章第四節の「包括的な全体論的機能主義」の議論を思い出してほしい。

（9）意味論に関するこうした考え方について私〔ブランダム〕は、『推論主義序説』〔斎藤浩文訳、春秋社、二〇一六年〕（*Articulating Reasons: An Introduction to Inferentialism.* Cambridge, MA: Harvard University Press, 2000）の第一章でさらに論じている。

（10） 主張の意味とは、それを採用することで人のなすことにもたらされる違いのことである、という「パースの原理」は、この一面的な考え方を導く定式化のひとつだ。さまざまな点で、ジェイムズとデューイは、自分たちの道具主義がこのような狭隘な読み方をされることを拒絶している。しかしそれ以外の文献を参照すると、そうした読み方が導かれる。

（11） 私は『推論主義序説』の第二章で、選好や賛成的態度の言明、そして規範的ボキャブラリー一般が果たす表現的役割を、推論的に解釈すべきだと論じている。しかしこの解釈は〔ここでの〕論点には影響しない。〔要するに、〕なされていることから信じられていることをそのまま素直に推論できなくしてしまう可変性を持った要素が、信念と行為ないし意図以外にも作用しているのだ。〔ブランダムの〕論文「選好表現は何を表現するのか」（"What Do Expressions of Preference Express?" In: *Practical Rationality and Preference: Essays for David Gauthier.* Christopher Morris and Arthur Ripstein (eds.). Cambridge University Press, 2001, pp. 11-36）も参照のこと。

（12） 『経験論と心の哲学』〔邦訳書〕二九頁〔原書ではp. 33〕参照。

（13） 少なくともデューイは（『経験としての芸術』で示されているように）、この決定的な区別を看取し、明確化しようとしていた。しかしデューイでさえ、自分の指針となっている方法論の基本的な構造的特徴にその区別がどのような帰結をもたらすのかについては、考え抜くことができなかった。

訳注

［1］ 序章訳注［1］で述べたのと同じ理由から、本章のepsodeは「エピソード」と訳した。

［2］ 序章訳注［3］を参照のこと。

［3］ ホルクハイマー／アドルノ著『啓蒙の弁証法』にある記述を踏まえていると思われる。自然界をイデアの仮象とみなし、不変のイデアに近接しようとするのがプラトンの理性である。対して、セイレーンの

幻惑に巧妙な方法で対抗する理性、つまり、自然界の状況に柔軟に適応して自然を支配できる理性がオデュッセウスの理性である。

［4］「nobody（誰でもない）＋daddy（父）」で、擬人化した神のような存在をさす。ウィリアム・ブレイクの長編詩『ミルトン』に出てくる表現である。

第二章　プラグマティズムを分析する

――語用論とさまざまなプラグマティズム

1　序論

プラグマティズムというものを狭く考えることもできる。その場合のプラグマティズムとはすなわち、信念をそれによって欲求の充足が容易になる度合いに照らして評価するという発想を中心に据えた、哲学的な思想学派である。狭いプラグマティズムを担う代表的な人物には、古典的なアメリカン・プラグマティズムの三傑であるチャールズ・パース、ウィリアム・ジェイムズ、ジョン・デューイがいる。だがプラグマティズムというものをもっと広く考えることもできる。その場合のプラグマティズムとはすなわち、実践的なものがそれ以外のものに先立つとする発想を中心に据えた運動である。この運動はカントがすでに取り掛かっていたものであったが、二〇世紀におけるカントの化身にはパース、ジェイムズ、デューイだけでなく、前期ハイデガー、後期ウィトゲンシュタイン、さらにはクワイン、セラーズ、デイヴィドソン、ローティ、パトナムといった人物が含まれる。私の考えでは、こうした広いプラグマティズムこそ、狭いプラグマティズムよりもずっと重要で、興味深いものである。だが、狭いプラグマティズムだけに見られる特徴を強調することでプラグマティズムの伝統を浮き彫りにしようという風潮もあり、確かにそれもわかりはするのだが、そのせいで広いプラグマティズムには焦点が当たりにくくなっていたのだ、とも考えている。本章では、これらふたつのプラグマティズム観のあいだの関係について述べたい。まず広い意味でのプラグマティズムを形づくる、多岐にわたるコミットメントのあいだに区別をつける。そのうえで、どうしたら狭い意味でのプラグマティズムが、こうしたさまざまな着想とうまくかみ合うものと考えられるようになりそうか、ということを述べてみる。最後に、言語（さらには思考一般）を一種の道具（*tool*）とするモデルの有用性を退ける論証を与えるが、こうしたモデルは狭く解釈したプラグマティズムに特有のものである。

2　語用論と意味論

言語に対する哲学者のアプローチには、少なくともふたつのまったく異なった方向性がある。言語というものを実践（*practice*）や活動（*activity*）の一種、すなわち何かをすること（*doing*）の一種として見ることもできる。この観点から見たときに何よりもくっきりと浮かび上がってくるのは、言語の使用（*use*）であり、しかもそれはある種の生物たちが辿ってきた自然史の一側面へと帰着することとなる。こうした見方に従うと、（まったくあてずっぽうに選んだというわけでもない例をひとつ挙げると）私たちは道具を使う動物（*tool*-using animals）なのだというのとほぼ同じ意味で、私たちは言語、を使う動物（*language-using animals*）なのだと考えることになる。こうした人類学的なウィトゲンシュタイン流アプローチと好対照をなすのが、言語への意味論的なタルスキ流アプローチである。こちらが強調するのは言語表現の使用ではなく、言語表現の内容（*content*）や意味（*meaning*）だ。つまり、何かを言うという活動ではなく、何が言われているのかを強調するのである。(1)

これらふたつの立場は、一方は語用論（*pragmatics*）に、他方は意味論（*semantics*）に焦点を当てているものとして区別することができる。ただしここでの用語法においては、語用論とは言語表現の使用についての体系的ないし理論的な研究のことであり、意味論とは言語表現が表現したり伝達したりする内容についての体系的ないし理論的な研究のことである。「語用論」という表現のこうした使い方は、現代の標準的な使い方のいくつかとは異なっている。「語用論」のひとつの標準的な使い方によると、語用論の理論で話題にされているのは、使用状況次第で意味が変わる表現の意味論なのだ、ということになる。典型例を挙げれば、指標詞（indexical）や指示詞（demonstrative）だ。(2)[1]「語用論」という言葉は、現代ではこれとは別の仕方でも広く使われている。会話に参加する人々は、互いにずれた期待を抱いて会話に臨んでいるかもしれないが、そのうえでなお効率的なコミュニケーションをしなければならず、広い意味での経済的な需要とも言えるものがこうして生じ、それによって会話参加者たちが互いを理解する際の規約的な実践が説明されるのであるが、目下の用法における語用論はそうした説明がいかに与えられるかを研究するものだとされる。ここでの典型例は、グライス（Herbert Paul Grice）の言う推意（implicature）である。[2] 私が推奨し、また自分でも採用している用語法はもっと包括的であり、語用論はフレーゲの言う発話の力（*force*）を一般的に研究する分野として理解されることになる。要するに言語ゲームにおいて発話を用いることでどのような手を打つことができるのか、ということの研究であり、それには発語の力（locutionary force）、発語内の力（illocutionary force）だけではなく、発語媒介的な力（perlocutionary force）の研究も含まれる。[3] このたぐいの言語行為や実践についての一般理論というものがあるとすれば、その典型的な取り組みは、主張をなす（making a claim）ときに、言い換えれば確言（assertion）をおこなうときに、私たちは何をしているとを理解されるべきなのか、それを述べようと試みることであろう。[4]

語用論や意味論の理論的な企ては、一方を他方から切り離して推し進めることもできる。現実の実践に見られる表現使用の多様性を正しく認識したならば、そうした多様な使用はすべて意味なるものによって作り出されているのだという統一的な見方をしようなどという発想は、すっかり捨て去られざるをえなくなるのだ、と一部のウィトゲンシュタイン主義者に賛同して考える向きもあるだろう。意味論の理解はあまり実際の使用について何かを教えてくれるわけではないのだ、と一部のタルスキ主義者に賛同して考える向きもあるだろう。後者の発想はこうである。私たちは自分の用いる名辞が何を指示しているのかだとか、事実がどのようなものであるかだとかについては知らないことがよくあるのだから、さまざまな表現の適用が意味論で言われるような仕方で正しく（correct）なるとしたら、それはどのようなときなのか（例えばなされた主張が真となるとしたらそれはどのようなときなのか）、ということを意味論から学んだところで、言語使用者が実際にそうした表現を用いる際の使い方の傾向については、理論家の側は大したものを得られはしない、というのだ。だがこのように語用論と意味論とを互いにまったく独立した自律的な分野として捉える見方は、現代の議論状況においては両極端なふたつの立場を代表しているにすぎない。言語実践の研究者においても、内容と意味の研究者においても、これらのトピックのあいだには体系的なつながりがあるという主張の方がはるかに受け入れられている(3)。

私が理解し、使用する意味合いにおいては、「プラグマティズム」という言葉は包括的な表現であり、実践あるいは実践的なものが説明における最上の地位に相応しいものと捉えられるのはどういう意味においてなのか、その意味をさまざまな仕方で打ち出す一群の見解を浮かび上がらせるものとなる。こうして浮かび上がってくる見解のあれこれは、語用論と意味論の関係に目を向けることで、もっと明確なひとつの集合へとまとめることができる。このさらに具体的な意味合いにおいては、意味論の理論はさまざまな仕方で語用論の理論に応答しなければならないと主張する見解だけが、「プラグマティズム」の名に値する。例えば語用論が意味論に対してなんらかの種類における説明上の優先関係を持つと主張する見解は、それに当たる。こうした優先関係についてはさまざまな種類のものが考えられ、それゆえプラグマティズムにもまたさまざまな種類のものがあることになる。したがって、ちょっとした分析的な仕事から始めるのがよいだろう。つまりプラグマティズムが見せるさまざまな姿のうちで、重要ないくつかのものを整理するという仕事だ。以下の議論において私が目標とするのは、さまざまな見解のあいだに境界線を引いてそれぞれを区別するということであり、ここで論じる見解を推奨したり擁護したりするということではない。ただし、そうした見解について何がその支持者たちを駆り立て、惹きつけているのかということを手短に述べることはあるかもしれない。

3　方法論的プラグマティズム

ある種類のプラグマティズムを特徴づけるテーゼはこうだ。言語表現が表す内容やそれが持つ意味について語ることの眼目は、そうした表現の使用に見られる特徴を、少なくともいくつか説明することにある。こうした主張は、「方法論的プラグマティズム（*methodological* pragmatism）[4]」とでも呼べる立場へのコミットメントを表明するものである。この種のプラグマティズムの見るところでは、意味論の理論が説明すべきとされる目標を語用論の理論が与えるという意味合いにおいて、意味論は語用論に応答することになる。それゆえ語用論の理論が、いましがた述べたような理論的な企てがどれだけ成功したかを評価するための十全性の基準を与える、究極の源泉となる[5]。次に挙げるのは、ダメットによるいかにも方法論的プラグマティズムらしい言明である。

ある言語に属す文の真理条件を決定する意味論の理論は、真偽の概念と、そうした文を用いるという実践とのあいだに体系的なつながりがあって初めて、有意義となる[6]。

こうした方法論的プラグマティズムは、本当に意味論的であるような理論とそうでないものとを区別するための線引きの基準として使うこともできる。例えば一階述語論理に対してアルフレト・タルスキ（Alfred Tarski）が考案した位相幾何学的な意味論について考えてみよう。この意味論の根底にあるのは、量化子は位相幾何学における閉包演算に対応するものとして理解できるという着想である。数学的に言えば、この着想は表現定理の形式を備えている。つまり文を位相幾何学の領域内の対象へと関係づける構造保存的な写像の存在を示しているのである。さて、二〇世紀の数学界はさまざまな表現定理であふれかえっているのだが、そのほとんどは本来なら取り立てて意味論的な主張を支持しているとは考えられないようなものだ。例えばストーン（Marshall Stone）の表現定理はブール代数上の演算を冪集合上の集合論的演算と相関させるが、（少なくともそれ自体としては）いかなるものについての意味論ともならない。タルスキの表現定理が意味論の名に値し、ストーンの表現定理がそうではないのはなぜなのだろうか。（当該の定理によって関係づけられるふたつの構造の一方が形式言語であるという事実は、その定理が意味論となるために必要なことではあるかもしれないが、十分となるには程遠い。）方法論的プラグマティズムはこの疑問への答えを提供する。それはつまり、タルスキの場合の写像は、一階量化理論の表現について、その使用という決定的な次元を再構成するものなのだということだ。すなわち、推論的な帰結関係（ひいてはあるものが論理的定理であるという性質）の再構成である。タルスキの理論が意味論の理論という名にふさわしいのは、量化された複合表現を使うという実践の中心にある上記の特徴、これを成文化するという目的がそれによって果たされるがゆえであり、またその限りにおいてなのだ。

　方法論的プラグマティズムを援用すれば、意味論の理論がある種の理論的対象を持ち込むのはありうべからざることだと論じることもできるかもしれない。例えばクワインが論文「経験主義のふたつのドグマ」（"Two Dogmas of Empiricism"）で推し進める議論戦略は、全体としてこうした形式を持つものと理解することができる。[7]その論文でのクワインの見解によると、真なる文をふたつの種類へと、すなわち意味のみによって真とされる分析的な文と、意味だけでなく外界における物事のあり方にも依存して真となる総合的な文へと区別することをその中心的な要素とする意味論の理論は、不十分なものになる。クワインがこの見解に至るのは、こうした理論的区別によってそれらの文の使用が持つ特徴の、いったい何が説明されるのかと問いかけることによってである。さまざまな選択肢、例えば改定を免れるかどうかなどを詳細に検討して回ったうえでクワインが出す結論は、言語実践に関して問題の意味論的区別によって説明されるようなことは何もない、というものだ。そしてこのことを踏まえて、そうした区別を中心に置くような意味論の理論をクワインは退けるのである。(この議論の成否は問題ではない。私が指摘したいのは、この議論において展開される戦略が、ここで「方法論的プラグマティズム」と命名したそれとして認めうるということだけである。[8])

方法論的プラグマティズムについては、理論的対象を措定する眼目は観察可能な対象の振る舞いを説明することであるという原理と対比してみるのも、参考になるかもしれない。方法論的経験主義とでも呼びうるものへそうした形でコミットするなら、このコミットメントもまた、線引きの基準として使うこともできれば、個々の理論を批判するときに使うこともできるようなものとなる。この場合、判断占星術——恒星や惑星が示す理論的な性質をもとにして、個人の運命の移り行きを説明しようとする分野だ——は、不出来なものであったとしても、一応は経験的な理論となるだろう。しかしもし三位一体に関してどの教義が正しいのかということを気に掛けるべき理由として神学者が挙げるのが、それがわからない限り誰が真なる教皇であるかがわからないということだけなのであれば、そのような理論はおよそ観察可能なものの説明をしようとさえしていないとされ、経験的理論とは認められないこととなるだろう。

いくつかの補助仮説を置いた文脈では、方法論的プラグマティズムは方法論的経験主義の特殊事例として姿を現す。そのため、もし意味論的性質は観察可能ではないと信じ、かつ言語実践や言語使用を観察可能である特徴に限って説明するという制限を設けるならば、方法論的経験主義へのコミットメントからは方法論的プラグマティズムへのコミットメントが帰結する。

4 意味論的プラグマティズム

方法論的プラグマティズムと関連しつつもそれと区別できると思われるある種類のプラグマティズムがあるが、こちらは、表現がその意味することを意味するようになるのは言語使用者がその表現を使うやり方ゆえである、というもっともな見解を出発点としている。そもそも単にノイズとして現れただけなら、つまり私たちがそれを使うときのやり方や私たちの実践においてそれが果たす役割から切り離されたなら、私たちの発話は何も意味することはないのである。「ウマ」というノイズは使い方次第でどのようなことでも意味できる（し、何も意味しなくてもよい）。こうしたことはすでに言い古されたことでしかないが、それでも少なくとも意味論の理論に対してある方法論的な要請を設ける動機を与える。およそ表現に対して意味論的な何某をその内容なり意味なりとして結びつける以上は、問題の表現の使用におけるいったい何が、そうした表現とその意味論的な何某との結びつきを実践において作り出しているのか、このことを説明する義務を負わねばならない、というわけだ。平叙文の発話にそれが表現する命題として可能世界の集合を結びつける意味論の理論があるが、ここでの要請に従うと、こうした理論はある約束手形を発行するものと理解されなければならない。つまり、そうした文（およびその構成要素となる語）の使用が持つ特徴のうちで、そうした表現の使用を何であれいずれかの可能世界の集合に関係づけるものとは何なのか、そしてとりわけそれをまさにこの集合に関係づけ、それとはわずかに異なる別の集合には関係づけないものとは何なのか、このことについての語用論的ストーリーが語られうるのでなければならないのである。[9] このたぐいの責務がとりわけ重くのしかかるのは、抽象的な対象であったり、あるいは極めて細かく個別化されていたりする意味論的な解釈項を持ち出すような意味論の理論に対してだろう。（可能世界論者のなかにはこれらの問題を両方とも抱えているひともいる。）私の理解では、ソール・クリプキ（Saul Aaron Kripke）によってウィトゲンシュタインに帰されている論証が示しているのは、こうした文脈において、個別化が抽象性にまつわる問題とはまったく別個の問題を引き起こしうるということである。[10]

意味論は語用論に応答しなければならないということのこうした理解の仕方を、「意味論的プラグマティズム（*semantic* pragmatism）」と呼ぶことができそうだ。意味論的プラグマティズムと「方法論的プラグマティズム」と呼んでいたものとはどこが違うのか、それを見てとるひとつの方法は、理論ボキャブラリーと観察ボキャブラリーの関係との、先に見たアナロジーについて考えてみることだ。観察から理論がひとつに決定されることはないという考えは、私たちには馴染みのものである。これはつまり、どのような観察から権利を得て、あるいは得る見込みで、自分はあれこれの理論的名辞を適用したり、あれこれの理論的主張を是認したりしているのか、それをあらゆる事例において述べることができなければならないなどという義務は、理論家にはまるで課せられてはいないということだ(11)。さらにまた、表現の使用が持つどの特徴によって、その表現にそれと結びつけられた内容が付与されているのかを説明することに、つまりはそうした意味合いにおいて、使用におけるどの特徴によって意味論的な結びつきが確立されているのかを説明することにこだわったとしても、だからといって、意味論における解釈項となるものは、解釈を受ける表現の使用に見られる特徴のなかから選ばなければならないのだなどと、ダメットがときに言うようなことを言っているということにはならない(12)。そのような制限は理論的存在物に関する道具主義と類比的なものとなるだろう。すなわち観察可能な出来事を説明するために観察不可能なものの措定などしてはならないと主張することになるのである。こうした見解を「狭い意味での意味論的プラグマティズム」と呼び、先に定義した広い意味でのそれと対比することもできる。

「方法論的」と呼んできたプラグマティズムと「意味論的」と呼んできたプラグマティズムとの違いは微妙なものだ(13)。例えば「経験主義のふたつのドグマ」におけるクワインは、文が意味論的な解釈においてその意味のみによって真となっていると認められる場合、それはその文の使用に関する何によって引き起こされていることなのか、と問うているとも解釈できる。この場合には意味論的プラグマティストとしてクワインを解釈していることになり、方法論的プラグマティストとしてではないだろう。だがこれらふたつの戦略的コミットメントのあいだには、説明の順序に関して見せかけではない違いがある。方法論的プラグマティストであれば、表現を使用するという実践をそうした表現に結びついた内容によって、すなわち意味論の主題によって説明するということへと目を向ける。意味論的プラグマティストであれば、内容が表現に対して持つ結びつきを、そうした表現を用いるという実践によって説明するということへと目を向ける。このふたつの説明はひとつの物語の異なる切り口なのだということもありうるが、そうでないといけないというわけでもない。

5　使用を特定するためのボキャブラリーが担う意義

意味論的プラグマティストというのは、かなり大まかな意味合いにおいて、内容に関する機能主義者である。意味論が研究するような意味というものは言語実践において表現が果たす役割に存するのだ、というわけではないにせよ（意味と使用が同一視される必要はない）、この見解に従うならば、そうした役割は内容、意味、意味論的解釈項といったものと言語表現とのあいだのつながりを少なくとも確立するものではあるのだ。意味論的プラグマティストのそもそもの洞察は、表現の使用のほかにそうしたつながりを確立することが万一にもできるものなど存在しない、というものであった。そしてこれは確かに正しい。ただしそれは、使用という概念を十分に広く理解するならば、である。

これまでは「使用」について、まるで誰もがこの言葉の意味するところを知っているし、またそれについて同意もしているかのように語ってきた。もちろん実際にはそうではない。ここまでで挙げてきた二種類のプラグマティズムの詳細を述べる際には、いずれにおいてもいくつかの決定的なパラメータが未指定のままになっている。そしてそうしたパラメータのそれぞれに対し、当該の主張をトリビアルにしてしまうような値が存在するのである。

　そのようなパラメータのひとつは、言語表現を使用するという実践を記述するために用いてよいのは、どのようなボキャブラリーなのか、である。(14) 使用を特定するのに意味論的ボキャブラリーを何でも使ってよいとし、例えばある演算子について「否定を表現するのに使われる」、ある名辞について「ライプニッツを指示するのに使われる」などと記述したとすると、意味論的プラグマティズムからの要請など自動的に満たされてしまうだろう。なぜならこの場合には、表現の使用が持つ特徴のなかから、そうした表現とその意味論的解釈項との結びつきを確立するようなものを指し示すことなど、容易だからである。同様のパラメータとして、意味論の理論によって表現に結びつけられるのはどういった種類の解釈項なのかということが挙げられる。表現の使用の一部分、例えば主張可能性条件を（そうした条件に関するなんらかの説明に基づいて）意味論的解釈項として選び出したならば、方法論的プラグマティズムからの要請など自動的に満たされてしまうだろう。なぜならこの場合には、何の代価もなしに意味論は語用論に関連したものとなってくれるからだ。つまり言語が持つ意味論的特徴なるものが、語用論的特徴の部分集合にすぎなくなるわけである。(15)

　普通であれば、言語哲学者が語用論と意味論の関係についての主張を述べるようなとき、例えばなんらかの方法論的プラグマティズムや意味論的プラグマティズムの主張を述べるような場合には、言語が持つ語用論的特徴や意味論的特徴を特定するためのボキャブラリーに関して、陰伏的な形でではあるかもしれないが、何かしらの制限を念頭に置いている。例えば言語的な振る舞いを自然主義的なボキャブラリーで特定しようと考えたり、意味論を真理条件と指示関係によって考えようとしたりしているのである。こうした前提を明示的にしさえすれば、意味論の理論を語用論の理論に応答させる方法に関する主張は、実質のあるものとなる。パラメータをどのように指定するか、とりわけここで念頭に置いているのは言語実践を記述するのに使えるボキャブラリーをどのように指定するかであるが、そうした事柄のなかには、それ自体がプラグマティズムの種別と関連づけられているものもある。そうした仕方で特徴づけられるプラグマティズムについて、以下ではふたつのものを考察する。

6　基礎的プラグマティズム

どのようにするか知っている（knowing *how*）という方法知が、しかじかであると知っている（knowing *that*）という命題知に対し、説明においてなんらかの仕方で先立っているとみなすこと、これこそ広義のプラグマティストの特徴である。これは、実践的なものが理論的なものよりも説明において先立っているという主張がとる、ひとつの有力な形式である。明示的な理論的信念は、陰伏的な（implicit）実践的能力を背景としてはじめて理解可能なものとされうる。この意味でのプラグマティズムを「基礎的プラグマティズム（*fundamental* pragmatism）」と呼ぶことにするが、これは実践的能力を原理の把握とでもいうようなものによって説明しようとするたぐいの、プラトン的主知主義と対立している。この主知主義によると、あらゆる方法知の背後には常になんらかの命題知があるのである。そのような主知主義は、短く見積もっても一九世紀までは有力な哲学的アプローチであった。この伝統を現代でも受け継いでいるもののひとつとしては、認知科学におけるある種のプログラムがある。生物というのはさまざまな環境のうちを、あるいは環境が持つ諸々の特徴のうちを巧みに動き回って、それに対処するという能力を備えているものなのだが、ここで言及しているのはつまり、生物のそうした能力を当該の環境なり特徴なりの内部表象なるものの存在を措定することで説明しようではないか、というコミットメントを持つプログラムである。

　しかじかであるということを知ったり信じたりする能力は、それよりも原始的な種類の、いかにおこなうかという方法知に寄生しているのだ、つまり何かを言う、考える、信じるということにはまだ至らないような何事かをするという能力に寄生しているのだ、そのように捉えることで主知主義に対立するというのは、ハイデガーの『存在と時間』第一部の基本的なテーゼだ[16]。二〇年代のハイデガーの思想と、それと同じ時期のデューイの思想とを結びつけるものこそ、この基礎的プラグマティズムである（ただし、ハイデガーは後にこのことを大いに悔やむことになるのだが[17]）。基礎的プラグマティズムはドレイファスやジョン・ホーグランド（John Haugeland）といった手合いの現代のプラグマティストが、古典的人工知能のプロジェクトを批判する際の礎（いしずえ）ともなっている。そうしたプロジェクトが成り立つのは、環境に対処するために知的生物が用いる日常的な技能や能力のうちに陰伏的に含まれる実践的な方法知のすべてが、主張や規則、原理といった形式のもとで明示化されうる場合に限られるのである[18]。

　こうしたプラグマティズムを動機づけるとされてきた考察のひとつは、ルイス・キャロル（Lewis Carroll）の「アキレスと亀」（"Achilles and the Tortoise"）[19][5]に要約されているような、無限後退論法である。信念が無益なものに成り果てないためには、信念主体は自分の持つ信念から何が帰結し（ほかの何に自分がコミットし）、そうした信念と何が不整合となるのかということを、せめて時々は言えるのでなければならない。（仮にそれに加えてさらになんらかの意味で信念が命題的内容なるものを持っていたとしても、そのような内容に関する違いが信念主体に影響することはないはずだ。）だが、諸々の信念候補のうちで、与えられた信念と不整合であるものを識別したり、与えられた信念からの推論による帰結となるものを識別したりするというのは、実践的な技能ないし能力である。つまりある種の方法知だ。こういった能力や方法知を明示的な命題的内容を備えた信念（後件が否定形式となる条件文を含む、条件文形式の信念など）という形で成文化するなどということが、あらゆる事例についてできるとは考えがたい。そのようなことをすればなんら説明にとって生産的でない無限後退に陥るのが関の山だ。pであるという信念を明示的に持つ（もしくはある理論を是認する）ことができるためには、その背景として実践的で陰伏的な方法知が前提とされているのでなければならない。言語的であると特に名指されるような実践が、命題を抱く（entertain）能力全般にとって本質的であるとセラーズよろしく主張するようなプラグマティストには、こうした論法をもっと直接的にしたバージョンを利用することもできる。セラーズが主張するように概念の把握とはすなわちそれに見合った語の使い方を実践において習得することであるならば、そうした習得のすべてがそれに先立つ概念把握によって説明されるなどということがありえないのは明らかだ。

言語表現と意味論的解釈項との結びつきを確立する言語実践について、その記述に意味論的プラグマティストが使えるのはどのようなボキャブラリーなのか、基礎的プラグマティズムはこのことに関する制限をさらに強める。基礎的プラグマティストでもあるような意味論的プラグマティストにとっては、言語使用を記述するに際してもっぱら志向的なボキャブラリーばかりを用いることなどできない。これらふたつの戦略における理論的コミットメントによって定義される観点からすれば、意味についてH・P・グライスが与えたような説明は本質的に不完全なものとみなされざるをえないということが帰結する。というのも、ある意味を伴うものとして言語表現を使うということに対するグライスの説明が利用しているのは、命題的な内容や概念的な内容を備えた信念や意図といったものだけなのである[6]。基礎的プラグマティストによれば、明示的な概念的内容を伴う信念や意図を持つという能力は、必ずしも明示的ではないような概念的能力を前提としているのだが、グライスの説明は後者によって織りなされる陰伏的な背景を無視しているのである。とはいえ、基礎的で意味論的なプラグマティストであるからといって、表現への意味論的解釈項の結びつきに対する説明は非志向的な言葉しか用いずに特定されるような言語的実践によって与えられうる、などということにコミットしなければならないわけではない。この手の見解は「還元的基礎的意味論的プラグマティズム（*reductive* fundamental semantic pragmatism）」とでも呼べよう。こうした還元的プロジェクト（詳しくは後述）は、ここまでに挙がっていなかったようなさらなる補助的なメタ理論上のコミットメントに依拠している。

それでも、基礎的プラグマティズムは「言語的プラグマティズム（*linguistic* pragmatism）」とでも呼べるような二〇世紀特有の見解に扉を開く[20]。この見解は、言語的であると特に名指されるような実践に参加することが、正真正銘の意味で思考や信念を抱くための本質的な必要条件となっているというものだ。セラーズの見解には少し前に目を向けてもらったが、それによると、概念を持つというのはすなわち語を習得するということであり、これはこうしたプラグマティズムにおける、わけても重要な一例となっている。デイヴィドソンの言語的プラグマティズムは、信念主体となるためには他者の発話の解釈者とならなければならないという彼の主張に凝縮されている。[21] ダメットはこうしたコミットメントのさらに極端なバージョンを代弁する。

判断という内的な行為が表出されたものとして確言というものを捉えるような見解に、私たちは徹底して反対してきた。むしろ判断こそが、確言という外的な行為を内面化したものなのである。[22]

7 規範的語用論

ここまでで考察してきたプラグマティズムの説明戦略について、そのうちいずれかひとつでも掘り下げようという論者ならば、語用論の理論で使うのにふさわしいボキャブラリーとはどのようなものなのかということを気にかけなければならない。つまり言語表現を使用するという実践を特定するのにどういったボキャブラリーを使うか、ということだ。ただしここで問題となっている実践とは、以下のようなものであるとされる。

(i) 方法論的プラグマティズムによれば、意味論によって説明されるべきものである。

(ii) 意味論的プラグマティズムによれば、言語表現と意味論的解釈項との結びつきを確立するものである。

(iii) 基礎的プラグマティズムによれば、それを背景として初めてしかじかであるという知識や信念、思考が理解可能となりうるような、いかにするかという実践的な知識を構成するものである。

そうしたボキャブラリーに関してなされた提案のうちで、古典的プラグマティズムと、そしてそれを包含するもっと広いプラグマティズムの伝統との関係を理解するうえでもっとも重要なのは、いま挙げた三つの役割を果たすという見込みがまともにあるような実践の概念を携えた語用論があるとしたら、それは規範的なボキャブラリーを用いていなければならない、というものだ。

こうした考えは由緒正しいものだ。カントにおけるもっとも基本的な着想のひとつによると、私たちがなす判断や行為を単なる自然界の動物の反応から区別するのは、判断や行為はそれに対して私たちが責任を負うようなものであるという点である。つまり判断や行為にはコミットメントを引き受けるということが関わっているのだ。カントの理解では、判断や行為は本質的に言説的な（discursive）活動である。要するにそれらは概念の適用に存するのだ。さらにカントによれば、概念とは規則であるとされる。ここでの規則とは、判断や行為を生み出すときに何にコミットしていることになるのか、何に責任を負うことになるのか、ということを定める規則である。それは事実に照らして判断の正しさを評価し、意図に照らして振る舞いの正しさを評価するときに、そうした評価を統制しているような規則である。概念的内容というカントにおけるこの理論的概念、これが受け持つ課題のひとつは、判断や行為を実践において遂行したときの、その正しさの条件を決定することであり、それゆえカントは方法論的プラグマティストである。[23] だが言説実践に関する彼の説明は、あからさまに規範的な言葉遣いで語られている。

力と内容の区別は、フレーゲのおかげでもたらされたものだ。それゆえ、私の用語法のもとでの語用論（力の研究）と意味論（内容の研究）の区別も同様である。何かを主張する（claiming）だとか主張をなす（making a claim）だとかといったことによって、語用論的な力のなかでも基礎的な種類のもの、すなわち確言の力（assertional force）が文に付与されたり注ぎ込まれたりする。フレーゲは確言の力というものを、ある種の規範的評価との関連で理解している。文を確言するとは、それをある特定の意味において正しいとみなすこと、すなわち真であるとみなすことなのだ。心理主義を採用する論理学者たちへのフレーゲの最も基本的な反論はこうだ。文に確言の力を付与する際には規範的評価というものが陰伏的に伴うのだが、この規範的評価という必要不可欠の次元について、これを理解可能にしてくれるような内容なるものの概念へ出資できるだけの理論的資源が、そうした論理学者たちにはないではないか。文（や観念）はこうした論理学者たちにとって、小川に渦があるのと同じようにただ事実としてそこにあるものでなければならず、それが現れたからといってそのことが、主張をしている、コミットメントを引き受けている、その文が真であるということに対してある姿勢を採用しているなどといったものとして理解できるわけではない。真であるか偽であるかという意味において文が正しいか正しくないかを評価するということがどのように文を支配しているのか、それをこれらの論者たちは示せないし、それゆえ主張をするときに私たちが何をしているのかということを説明することもできないのである。語用論的力という考えを意味の通るものにするだけの資源を与えることが、内容の理論の中心的課題のひとつであると捉えている以上は、フレーゲは方法論的プラグマティストである。そして語用論的力に関する彼の理解の仕方は規範的なものなのである。

『哲学探究』におけるウィトゲンシュタインの関心の中核にあるもののひとつは、言語実践のうちに陰伏する規範である[24]。ある表現、例えば算術の「足す」などが確定した意味を持つとみなすというのは、それをある仕方で適用するのは正しく、別の仕方で適用するのは正しくないということにコミットするということである。理解すること、言い換えると意図の内容を把握することというのは、どういった振る舞いがその意図に照らして、その意図を充足するという意味において正しいものとなるのかを知る、ということである。ウィトゲンシュタインの見てとるところでは、こうした陰伏的な実践的規範は、理論面での対をなすふたつの脅威を引き起こす。一方では、私たちの実践を捉える際の構図や考え方によっては、こうした規範的次元が厄介なものか、謎めいたもの、不可解なものに見えかねなくなってしまうことになる。だが他方では、私たちの実践を論じるためのボキャブラリーをあくまで非規範的な言葉に制限した場合、要するに動いたり音を発したりという規則性や傾向性についてしか論じないなどとした場合には、「意味」や「理解」、「確言」、「信念」、「意図」といった題目のもとで語られる当の現象が見えなくなってしまうことになる。

後期ウィトゲンシュタインは基礎的プラグマティズムを受け入れている。ここで言っているのは、命題的な「という（that）」節の形式で明示的に述べうるような内容を持つ志向的状態（簡潔に言えば「しかじかであるという知識（knowing that）」）の帰属が理解可能となるのは、実践的な技能や能力（簡潔に言えば「どのようにするのかの知識（knowing how）」）もまた帰属される文脈においてのみだ、というテーゼである。ウィトゲンシュタインが規範的語用論にコミットする文脈においては、この基礎的プラグマティズムは独特の形式をとることになる。規範についてのプラグマティズム、すなわち規範的プラグマティズム（*normative* pragmatism）である。というのも、ウィトゲンシュタインは基礎的プラグマティズムの特徴をなす無限後退論法の一種を用いることによって、規則という形式をとることで明示化されるような規範は、実践に陰伏する規範を背景としなければ理解可能とはならないという結論を引き出すのだ。規則は規範を成文化する。規則は正しいことと正しくないこととの区別を与えるのだが、これはそれが定式化する規範に従ったやり方によって、すなわち何が正しく何がそうでないのかを言ったり（*saying*）記したり（*describing*）するというやり方によってなされる。だが規則を理解すること、つまりはそうした定式化の際に用いられる語が表現する概念を適用すること、これはそれ自体もまた、正しくなされたり誤ってなされたりしうるようなものである。もしも明示的な規則というのが規範の取りうる唯一の形なのだとしたら、最初の規則が自身に照らして正しい振る舞いと自身に照らして正しくない振る舞いとを実際に区別するためには、さらにもうひとつの規則が必要となるだろう。ウィトゲンシュタインが「解釈（*Deutung*）」と呼ぶもの、すなわち規則の適用の仕方についての規則である。規範についてのそのようなプラトン主義的とも主知主義的とも言えるような仮説からは、無限後退が生じることとなり、規範的評価という考えそのものが理解しがたいものとなってしまう。残された手立ては、その規範がいかなるものなのかを述べる規則などという形で明示化されたりはせず、実践のなかに、要するに実践主体たちが実際にすることのなかに陰伏する規範、それがあると認めることである。規範についてのこうしたプラグマティズムは、規範的基礎的プラグマティズム（*normative* fundamental pragmatism）である。

8　古典的プラグマティズム

規範的プラグマティズムへコミットしたならば、語用論の理論と意味論の理論の双方を自然主義の精神のもとで追い求めることはできなくなる、などと決めてかかるべきではない。規範的プラグマティズムが自然主義と不整合を来すとしたら、規範的なものと自然的なものとの関係をなんらかの仕方で二元論的に理解するような文脈に置かれた場合のみである。方法論的プラグマティズム、意味論的プラグマティズム、基礎的プラグマティズムが取り組むような言説実践というのは規範に関する用語で特定できるものでなければならない、ということを受け入れるとしても、すなわち、さまざまな意味のもとでの正しい振る舞いを正しくない振る舞いから区別することが意味をなさなければならないだとか、言語行為をなすことで何にコミットすることになり何への責任を負うことになるのかといった語りがきちんとできるのでなければならないだとか、そういったことを受け入れるとしても、だからと言ってそうした規範的評価の適用可能性について、やがては自然主義的な説明が手に入るだろうという希望を捨てる必要はないのだ。（もちろん、「自然主義的」がここで何を意味しているかということに拠るところは大きい。だがこの問題をここで掘り下げることはできない。）

思うに、古典的なアメリカン・プラグマティストたちはここで描いたような輪郭を持つ企てに従事していたのだ、と考えるのは有益だ。私が読む限りでは、彼らはこれまでに区別してきたすべての意味においてプラグマティストである。(25) 習慣や実践的技能、能力に対して、つまりは広義の方法知に対して最上の地位を与えることから、またこうした説明上の優先関係に照らして主知主義的な伝統から自らを引き離すという点において、古典的プラグマティストは私が「基礎的プラグマティズム」と呼んできたものを受け入れているのだということがわかる。私たちが意味していることや私たちが信じていることについての語りの眼目は、私たちがすることに関して、つまりは調査をしたり、問題を解決したり、目的を追求したりという私たちの習慣や実践に関して、それが何を明かしてくれるかということのうちに見出せるとする点においては、古典的プラグマティストは方法論的プラグマティズムを受け入れているのだということがわかる。発話の意味や信念の内容を説明するために利用できるのは、そうした発話や信念が私たちの習慣や実践において果たす役割だけであるとする点においては、古典的プラグマティストは意味論的プラグマティズムを受け入れているのだということがわかる。

古典的なアメリカン・プラグマティストたちは規範的語用論も受け入れていて、それゆえ、彼らが基礎的プラグマティズムを採用していたということと考え合わせると、要するに規範的プラグマティズムを受け入れているのだとも私は考える。しかしさまざまなプラグマティズムの全般にわたるこうしたコミットメントは、広義の認知的習慣を作り上げると目される規範に対して彼らが与えようとする具体的な説明のゆえに、いくらか見えにくくなっている。というのも第一章で匂わせていたように、彼らは現代の合理的選択理論の論者たちと同様、道具的な規範にばかり注目しているものと思われるのだ。要するに行為者がうまく目的を達成したり目標を実現したりということに寄与するという限りで振る舞いが良いか悪いか、正しいか正しくないかを測る、といった評価の仕方である。これこそが、言説実践のなかに陰伏的に含まれ、（彼らの意味論的プラグマティズムに照らして）規範的評価のうちでとりわけ意味論的とされる次元の、例えば真理の、究極的な源泉となるものだと、古典的プラグマティストが考える規範なのだ。彼らは真理を有用性によって理解し、志向的状態が持つ内容や言語的発話が表現する内容とは、行為者の実践的な企ての成否に対してそうした状態や発話が果たしうる貢献のことなのだ、とする。パース、ジェイムズ、デューイはその根幹において、（常にそうであるわけでもなければあらゆる点においてでもないが）道具的規範的プラグマティスト（*instrumental* normative pragmatist）なのである。実際のところ、この三人自身も、またその批判者までもが、彼らのアプローチが持つこうした面を強調しすぎており、規範的語用論へのコミットメントも、また彼らのプラグマティズムを織りなすそれ以外の要素も、視界からすっかり消え失せかねなくなっているほどだ。

さまざまな規範的評価を保証するものが実践のうちには陰伏的に含まれうるのだが、そのようなことがいかにして可能になっているのかというと、それはつまるところ、実践における振る舞いがそれに先立って与えられた目的の達成に成功したり失敗したりすることによってだ、このように理解する戦略には、わかりやすい利点がいくつかある。とりわけ重要なのは、規範的語用論の動機となる洞察と徹底した自然主義とを調和させる見込みがもたらされるということだ。規範を道具的に解釈したなら、言説実践を規範の宿ったものと見つつも、しかし神秘的なものとはしないということが可能になる。野山の獣でさえ欲求を抱き、欲求の充足に至る振る舞いとそうでない振る舞いを区別するのだから、こうした基本的な規範性には歴とした進化論的なお墨付きが与えられているのである。実践的な営みの成否に訴えるというのは、言説実践が持つ本質的な規範性へのカント的理解とポスト・ダーウィン的自然主義とを調和させるために古典的プラグマティストが用いる最重要アイデアである。

9　道具的プラグマティズムへの三つの反論

本章の冒頭で述べたように、広いプラグマティズムは狭いプラグマティズムよりもずっと重要で興味深いものだと私は考えている。これまでに使われてきた分析道具を用いれば、この主張をもう少しわかりやすくすることができる。広いプラグマティズムの伝統が投げかける一群のアイデア、つまり方法論的プラグマティズム、意味論的プラグマティズム、基礎的プラグマティズム、語用論への規範的アプローチを組み合せたものは、基本的な実践的規範についての、狭い古典的プラグマティズムの伝統に特有な道具的解釈をそこにさらに付け加えた場合よりも、そうしたものから切り離して考えられた場合の方が、それを探求したり、そのさまざまなバリエーションを構築したり、それを修繕したり、組み直したりといったことに対して、いっそう豊かでいっそう有望な場所を与えてくれる。これはここで証明しようとするには大きすぎる主張だ。この主張の肯定的な部分に関しては、別の機会にその約束手形に対するいくらかの支払いを試みたことがある。[26] ここでは、概念的内容について考えるときに重要となるたぐいの陰伏的な実践的規範を道具的に理解することについて、なぜ私がその見込みに懐疑的なのかをせめて手短に語っておきたい。

（古典的なアメリカン・プラグマティストがこのアプローチを受け入れるかどうかはともかく）道具的プ

ラグマティズムという発想を推し進めるひとつのやり方は、信念が真であるかどうかという規範的な評価とは、その信念を持つことが欲求の充足に対してどの程度の貢献を果たすかについての評価なのだと理解してよい、とすることである(27)。信念が真となるのは、自分が欲するものを得るのに役立つ道具となる限りにおいてだ、というわけだ。それゆえ、非常に抽象的な言い方にはなるが、説明の順序は、欲求が充足されることから信念が真であることへ、ひいては欲求の充足条件から信念の真理条件へ、という方向で進むことになる。この種のプラグマティズムが掲げるプロジェクトは、意味論の理論、要するに信念や主張の内容についての理論を、欲求が充足されることとされないこととのあいだのプラグマティック[7]な区別を下敷きにして練り上げる、というものになる。

信念の真理という概念ではなく欲求の充足という概念を出発点に据える説明の順序には、どのような魅力があるのだろうか。思うに、その基本的な発想を述べるならば、いかなる内容帰属にも先立って理解可能であるような、欲求の充足感覚（*felt satisfaction* of a desire）なるものが考えられるということなのだ。ただそういった状態にあるというだけで、動物は自分の体が痒いということを知ることもできれば（動物が体を掻くのを見てみよ）、痒みが取り払われたということを知ることもできる（動物が体を掻かなくなるのを見てみよ）。どのような振る舞いがその動機となった状態を取り払ったり和らげたりしたのか（そしてどのような振る舞いがそうした結果をもたらさなかったのか、あるいはもたらさなそうなのか）を考察することで、その痒みをほかのどこでもなくまさにそこを掻かれるということへのニーズとして特徴づけることができる。そのようなことを基礎として、次にもっと複雑な内容帰属への着手を望むことができるのである。

そうした内容帰属がなされるとしたら、どのように進展することになるのだろうか。欲求は行動を動機づけ、その欲求を充足したり満足したり除去したりするものとそうでないものとのいずれかへと、行動を選り分けられるようにする。こうした欲求が織りなす文脈においては、信念を、欲求を充足するために生物が採用する行動戦略のうちに陰伏的に含まれるものとして、帰属することができる。信念が関わるのは物事がどうなっているのかということ、ひいてはさまざまな振る舞いからどのような結果が生じるものと期待されるのかということである。そしてそうした戦略の成否によって、信念の真偽を評価することができるようになる。少なくとも、任意のひとつの信念がさまざまな実践的活動の成否に対してするはずの貢献に目を向けるような場合には。

こうした考え方は馬鹿げたものではない。だが誤っているし結局のところうまくいきそうにはないと私は信じている。しかもこの誤りはお馴染みのものである。それはセラーズが「所与の神話」と呼ぶものへのコミットメントに由来している。[28] というのもここで述べたストーリーでは、充足感覚という中心概念にふたつの役割を果たすことが求められているのだ。一方では、この状態に置かれるために、そして行動に動機を与える未充足感覚からこの状態を識別するために、それに先立って概念を習得している必要があるなどとは想定されずにいる。他方では、そうした状態に置かれるということは、ある信念が真であるかないかという証拠を与えるという意味において、何かを知るということに該当するものと想定されている。欲求の充足感覚というのはこれら両者の役割を果たしている点において、神話であるとセラーズが主張する——この主張は正しい、と私は考えている——意味での所与なるものの典型例なのである。

痒い状態と痒くない状態の違いを汲み取るのに、概念的に分節化された内容をそうした状態へ帰属する必要などない。それはそういった意味で志向性に関わる問題ではまるでないのである。だからこそ、こうした違いを志向的解釈の外部にあり、それに先立つような梃の支点として利用したくなるのだ。つまり、志向的解釈が十分であるかどうかの基準を与え、さらに志向性の帰属に対する証拠の究極の源泉となることで、そうした解釈を制約し、形づくることができるような何かとしてしまいたくなるのである。だが先ほど私が言っていたように、欲求が織りなす文脈においては欲求を充足するために生物が採用する行動戦略に陰伏的に含まれるものとして信念の帰属が可能になる、などと述べるときには、私たちは欲求を何かしら志向的な内容を持つもの、要するに概念的に分節化された内容を持つものとして考えている。というのも、そのとき私たちは欲求を、次のような実践的推論における前提としての役割を果たしうるものとして考えているのである。

もし

(i) 濡れずにいること（サラが濡れていないということ）をサラが欲し、かつ

(ii) 自分の傘をサラが開く、

ならば、

(iii) 雨が降っているとサラは信じており、かつ

(iv) 自分の傘を開けば雨を遮り、濡れずにいられるだろうとサラは信じている。

この種の欲求は推論的に（証拠としても帰結としても）信念と連動している。信念を帰属するうえでこうした役割を果たしうるような欲求というものは、単なる痒みとはまったく違う。それはデイヴィドソン的な志向的解釈プロセスに対する外部からのインプットではなく、それ自体がそうした解釈を要求するもうひとつの要素なのである。行為と欲求が与えられたならば、信念と欲求をどう組み合わせればそうした行為に実践的な理由が与えられるのかを考えることで、私たちは行為者の信念を推論することができる。それと対になる形で、行為と信念が与えられたならば私たちは行為者の欲求を推論することができる。しかし欲求はここで信念と同じ土俵に立っているのだとする点で、デイヴィドソンは正しい。行為者が実際にすることについては所与としてもよいという比較的弱い意味においてさえ、信念と欲求はいずれも解釈プロセスにおける所与とはされえないのである。[29] 痒みと同様の性質を持ち、しかも概念的内容を備えた欲求と同様に、概念的内容を備えた信念と実践的推論において連動するという性質も持つ、そのようなひとつの種類の状態がありうるなどという考えは、所与の神話の一挿話となるのだ。[30] こうした理解が正しいとしたら、方法論的プラグマティストであるセラーズとデイヴィドソンが古典的な道具的プラグマティズムの誤りを示しているということになり、もしかしたら皮肉なことかもしれない。

痒みのようなものと欲求のようなもののあいだに重要な違いが生じるひとつのあり方は、誤り（*mistake*）の可能性についてだ。充足感覚、つまり動機づけをもたらすような切迫からの解放というものを考えるときには、訂正不可能性（*incorrigibility*）としての直接性という要素がそこに含まれている。痒みが和らいだかどうかについて生物は誤りえない。だが自分が欲しているものを獲得したかどうかについては、いつでも、かつ自動的にわかるなどというわけではない。行為を伴うことで信念の帰属を可能にする欲求というのは、そのようなものではないのである。濡れないままでいたい、ボールをリングに入れたい、チェスがうまくなりたい、世界の貧困を根絶したいなどと私が欲した場合、実際には充足されていないにもかかわらずそうした欲求がうまく充足されたと私が誤って思うということは、どの例においてもありうる。痒みとは対照的に、この種の欲求にとって、欲求の充足とはまさに信念が真であること、私が濡れていない、ボールがリングを通った、私はチェスがうまい、世界の貧困が根絶されるといった信念が真であることなのだ。（痒みの場合は、痒みと同一視される欲求について、痒みの和らぎはその欲求が充足されたという信念に対応しているのだ、などと応じたくなるひともいるかもしれない。だが実際にはこれは先の場合に類比的とはならない。このことは信念の内容を述べるのに充足されたという二階の概念が必要となることからわかる。）

あくまで志向的解釈の領域内に留まることで所与の問題を脇に置き、しかも（欲求の充足として理解される）成否についての私たちの判断の可謬性を無視したとしても、信念が真であるということを（ひいては究極的には真理条件という意味での信念の内容を）実践的活動の成否に対するその貢献のみを用いて定義するという戦略は望み薄である。そしてそれは構造上の理由による。概念的内容が本質的に推論的な分節化をなされているということが意味するのは、原理的に言って、信念がそれに基づいてなされる実践的活動の成否に対していかなる貢献を果たしているのか、それを単独で取り出す（*isolate*）ことなど一般的に不可能である、ということだ。欲求充足に関する成否の評価が、信念の真偽についていかなることを知るのにも先立つ自明の前提とされうる（「所与」とされる）という想定には、避けようのない循環が懸念されるのであるが、ここでもまたそれを括弧に入れたとしても、事情は変わらない。というのも、真なる信念が実践的活動の成功の見込みを高めるのは、実質的に関連する偽なる付随的信念が存在せず、かつ実質的に関連する無知も生じていないという場合に限られるのである。オークの皮と一緒に煮込んだなら獣皮をなめすことができるという真なる信念を私が抱いていたとしても、それが革への私の欲求を充足するのに貢献するのは、どの木がオークであるかということについて私が真なる信念を抱いている場合に限られる。樺の皮と一緒に煮込んだなら獣皮をなめすことができるという偽なる信念をあなたが抱いていたとしても、実際にはオークであるものについて、それが樺であるという誤った信念をあなたが抱いている文脈では、いま述べたうちのひとつ目の信念の方は、革への欲求を充足するのに貢献する。真なる信念が実践における成功をもたらすのは、真なる背景信念の集合がつくる文脈内でのみである。古典的プラグマティストが追い求める意味論的プログラムの文脈において、こうした条件を循環なく述べたり、消去したりする方法はない。そしてこの条件抜きでは、ある特定のトピックに関して真なる信念を抱くことは偽なる信念を抱く場合に比べて満足のゆく結果をもたらしやすいなどということは、端的に真でないのである。さらに無知もまた、こうした文脈において積極的な誤りと同じ程度に壊滅的なものとなりうる。暗いよりも明るい方が道を見つけやすいという正しい信念を私が抱いており、さらにマッチに火をつければ光を生じさせることができるという正しい信念もまた私は抱いていたとしても、部屋に爆発性の蒸気が充満しているということに私が気づいていなかったとしたら、部屋を安全に出る道を見出したいという私の欲求を充足するうえで、そうした正しい信念も助けとはならないだろう。欲求の充足という意味での成功をもたらす実践的推論とそうでない実践的推論のそれぞれにおいてどのような役割を果たしているのか、こうしたことに基づいて信念に真理や真理条件を帰属しようなどという試みが破綻するのは、このような文脈で欲求の充足を持ち出すこと（欲求を誤って痒みに同化しているがゆえに魅力的に思えるのだろうが）に循環が含まれるからというだけではなく、そうした成否に対して個々の信念がもたらす貢献をいかにそれ単独で取り出すかという問題が、どうにも手に負えないものだからでもある[31]。

こうした理由から、言説実践に陰伏的に含まれる規範についての道具的な解釈は、基礎的意味論的プラグマティズムというプロジェクトを支えはしないだろうと思われる。それゆえ、そうしたプロジェクトをその極致とする広いプラグマティズムを擁護するにはさらにたくさんの言を費やす必要があるとはいえ、このテーゼを狭く道具的に捉えた意味におけるプラグマティズムについては、私はこれを退ける。古典的なアメリカン・プラグマティストたちは、そうした狭いプラグマティズムの典型的な擁護者であった。（もちろん序章と第一章でも述べているように、彼らの発想には評価すべき点がまだたくさんある。）ありがたいことに、言説実践に陰伏的に含まれる規範を理解するには、道具的なやり方とは異なるもうひとつの方法がある。陰伏的な概念的コミットメントとは社会的身分（*social status*）なのであり、言語実践という本質的に社会的な営みの参与者たちが抱く実践的態度によって制定されるものなのだ、と理解してもよいのだ。『明示化』における意味論的で基礎的なプラグマティズムのプロジェクトの推進は、そうした発想の練り上げをその土台としている。とはいえここでこれ以上のことを述べるつもりはない。

10　言語は道具であるというメタファー

その代わりに、言説実践についてのもっと大域的な種類の道具主義について手短に考察することで本章を締めくくりたい。古典的プラグマティズムは、本章で注目してきた発想に限って言うなら、どの個別的な概念の所有も、どの個別的な語の習得も、どの個別的な信念の受容も、大まかに言って、それに先立つ目的を実現するための手段なのだと考える立場であるという点において、局所的な道具主義に当たる。（なかでも）意味論的プラグマティズムのプロジェクトについて、古典的プラグマティストは、個別の概念や信念の内容を、それと独立に特定可能な目的の追求において果たすその役割から導出することで、これを推し進める。そうした機能的役割というのは、すでに背景として働いている他の概念や信念の集まりを文脈としたうえで、当該の概念や信念が道具としてどのような違いをもたらすのかということでしかない。いま述べたこの特徴が、この手の局所的な道具主義が意味論的プラグマティズムという目的を達成するための手段となりそうだ、という見込みに対する取り出し可能性からの反論（*isolation objection*）の源泉となる。

言説実践の全体が何かのためのものとなっていると考えることも可能だ。実際ロックは言語そのものを思考の表現のための道具として理解している。この点において、ロックには近世の伝統がそっくりそのまま集約されている。この伝統においては一般的に、それを表現する手段へと関係づけられる前の、そうした関係と切り離された姿のままの観念を他者へと伝達するための道具として、言語表現というものが捉えられていたのだ。この見解は言語的プラグマティズムをひっくり返したようなものである。私はこのアプローチに魅力を感じないが、それはここでの検討対象ではない。[32] [8]

というのも、言説実践の全体を道具とみなす考え方には、ほかにもかなり広く知れわたっているものがあるのである。言語や思考を道具として、ただし伝達の道具ではなく、いかなる目的を果たすのに使ってもよい道具として考えることもできるのだ。（序章では、デューイが言語のことを「道具のなかの道具」と呼んでいる一節を引用した。）古典的プラグマティズムは、個々の概念や信念を目的全般の追求におけるその有益性によって評価しようとしていた。ここで取りあげたい大域的な言説道具主義は、言説実践というものをあれこれの道具とともに道具箱のなかに入れたうえで、望んでいるものを得るための手段として便利に使い回すことができるということに、その眼目を見出しているのである。言語は道具であるという比喩は、初期ハイデガーも含まれれば後期ウィトゲンシュタインも含まれるという、（基礎的プラグマティズムは共有しているにもかかわらず）そのままでは雑多になってしまいかねない広いプラグマティズムの担い手たちを、ひとつにまとめ上げる。本章の締めくくりとして、言語が何のためのものなのかを理解すれば言語について理解できるという発想、とりわけ、それはつまり言語に先立って理解しうるような目的を追求するためのものなのだという発想が、混乱してもいるし間違ってもいるということを論じたい。

言語は道具であるというメタファーの何もかもがおかしいだとか、ミスリーディングだとかと言いたいわけではない。このメタファーを使うことで指摘できる重要な論点もいくつかある。少なくとも以下のようなものはそれに含まれるだろう。

(a)

概念の把握を語の使い方の習得として理解するというのなら、語の使い方というのはかなり多様であるということを認めるべきである。そうした多様な使い方のすべてが同じ狙いを持つわけではない。つまりすべてが同じ種類の規範に応答しているわけではないのだ。語の使用が担う極めて多様な役割について語るひとつの方法は、それが果たす「仕事」について語ることである。実際、語の「狙い」、「役割」、「仕事」、「職場」について語るというのは、いずれも語の使用を広い意味で道具主義的な仕方で語る、それぞれひとつのやり方なのである。例えば「その（the）」、「ではない（not）」、「いくぶん（somewhat）」、「長身の（tall）」、「猫（cat）」、「想像上の（imaginary）」、「痛み（aches）」などなどといった語は、かなり異なる仕方で使われる。このことを思い出すには、レンチ、糊、直線定規、水準器、作業ベルトといった道具の使い方がどれだけ違うかを思い起こすのがよいかもしれない。（例えば巻き尺は金づちとは異なる「適合方向（direction of fit）」を持ち、水準器はいずれの方向にも使うことができるが、作業ベルトは適合方向を持たないということに注目してほしい。）これは、全体の見取り図というものに目を奪われると、あっさり見過ごされかねない論点で、例えば古典的な意味論の伝統を作り上げるもととなった唯名論的な表象主義が描く見取り図では、語は事物の名前であるものと考えられるべきだとされていた（シニフィアン／シニフィエと比較せよ）。だが道具によって達成できる目的にはたくさんの、多様なものがあるのであって、それと同時に、語をどのように使うことができるかというと、その使い方もまたさまざまなのだ。[33] これを「雑多性（*motley*）」の論点と呼ぶこともできよう。

(b) あるひとつの道具を使うということが、ほかの道具の使用と結びつくことで初めて意味をなすようになったり、あるいは可能になったりということがよくある。ナットとボルトとレンチ（ひょっとするとドリルも）は互いに依存しあっており、ちょうどネジとドライバー、釘と金づちが互いに依存しあっているのと同様である。こうした（ハイデガーの言葉を借りれば）「道具的連関（equipmental involvements）」は、道具以外の事物（例えば、私たちがそれらを互いにつなぎとめたいと思うことがあるような比較的平たい物体たち）を道具が指し示しているということと、少なくとも同程度には道具の働きにとって本質的だ。これを「全体論（*holism*）」の論点と呼ぶこともできよう。

(c) 言語は道具であるというメタファーは、規範的語用論という着想を導入するひとつのやり方にもなるかもしれない。というのも、それによって、課題を遂行するために道具を使ったなら規範的評価という次元が招き入れられることになる、という発想が生きてくるのだ。使用は成功の度合いを評価されうるし、したがって道具は問題の課題を果たすうえでの十分さや適切さの度合いを評価され、そして道具の活用の仕方はその熟練の度合いを評価される。これを「規範性（*normativity*）」の論点と呼ぶこともできよう。

(d) そうした評価がイエスかノーかきっぱりとわかれるものとなっているなどというのは、そうそうあることではないだろう。程度の差になっている場合の方が典型的である。概念の適用をこのように考えたならば、ニュートン力学的質量のような概念でも事物についての認知的把握を与えてくれることがある（それが緩い把握なのかしっかりしたものなのかは状況次第だが）という感覚に至るための第一歩を踏み出すことになろう。これと対照的なのは、ニュートン力学的質量など厳密には存在しないのだから（せいぜい静止質量と相対質量があるのみ）、そうしたものが本質的な仕方で現れるような主張はすべて偽なのではないか、そう思い至ったときに私たちが抱くことになる困惑である。ここでもまた表象主義のパラダイムは規範的評価についてミスリードを招きがちだ。（このことを「近似」をもとに考えてもなお間違っている。なぜならそのときには正確であるということ（exactness）が可能であるような空間に私たちが留まっているものと前提されているからである。だがあらゆる概念の使用がそのように働くわけではないのだ。）これを「**程度差**（*more-or-less*）」の論点と呼ぶこともできよう。

さらにまた、成否や適切さの評価は著しく多次元的であってもよい。いくつかの点では全面的に成功しながら、ほかのいくつかの点では部分的にしか成功せず、さらにほかの点ではまったく成功していないということがありうる。これを「**多次元性**（*multidimensionality*）」の論点と呼ぶこともできよう。

（e）

雑多性、全体論、規範性、程度差、多次元性の論点はいずれも、言語は道具であるというメタファーに惹きつけられるだけの十分な理由を与える。ではこのメタファーの何が間違っているというのか。私が異を唱えているのは、言語を全体としてそれが何かの**ため**のものであるという仕方で、つまりその**眼目**は目的追求のための手段となることにあるのだとする仕方で理解しようという発想に対してである。さて、こうした発想において典型的に考えられているのは、もちろん、言語がその役に立つとみなされるべき目的なるもののなんらかの特定の集合が存在するということではない。（一部の還元的で進化論的な説明は、種における繁殖の成功にこの役割を担わせかねないところまで行っているが。）むしろ言語は、私たちが目指しうるいかなる目的についても、それを追求するための道具として考えられうるのだとされている。思うにこの発想は、言語的なものの本質を正反対に理解している。間違っているのは、何かを道具として理解できるようにするというのはそれを目的に対する手段として差し出すことなのだとし、さらにそのときの目的は当の手段について考えることから独立に把握したり特定したりすることが可能なものだとしている点である。私たちはまず目標や目的を先に把握しており、それによって道具の成否を規範的に評価する基礎が、ひいては同じ目的に対するさまざまな代替的手段を比較する基礎が与えられる、というわけだ。私が主張したいのは、言説実践の全体をこうしたモデルのもとで理解可能なものにしようとするのは、誤りだということである。

　理由は単純だ。言語実践は確かにいろいろな目的を追及するうえで私たちを助けてくれるが、そうした目的の大多数は、そもそも言語実践への参加なしには思い描かれることさえなく、ましてや実現されるなどもってのほか、といったものなのである。私たちがしたいと欲することのほとんどは、それをしたいと欲するということそのものが、私たちが話をすることができるということによってはじめて可能となるようなものなのだ。そうした目的については、それを理解できるということ自体が私たちの言語能力に依存しているのである。それは、最初に私たちによって理解されえて、然るのちに言語が駆り出され、それを達成するための道具の候補という役割を果たすことができるなどといった、そうした目標ではまるでないのである。釘と金づち、ネジとドライバー、糊、鎹（かすがい）などに先立って、ふたつの木片をしっかりつなぎとめるということが理解できるのとは違うのだ。

実際のところ、言語がともかくも何かのためのものであると語ることが意味をなす限りにおいて、言語が現にその「ため」のものとなる何かとは、それまでにない目的という可能性を理解しうるものにし、また接近可能なものにするということである。ノーム・チョムスキー（Noam Chomsky）が現代言語学という一大建造物を作り上げるための礎石となった洞察のひとつは、成人の母語話者が発話する文のほとんどすべてはそれまでにないものであるという知見から得られた。これは、まったく同じ語の並びを当の話者がこれまでに聞いたり発話したりしたことがないという意味合いにおいて、それまでにないというだけでなく、これまでに誰一人として聞いたり発話したりしたことがないというはるかに強い意味合いにおいてもそれまでにないものなのである。言語的な方法知は、適当な能力を備えた言語実践者ならば無限に多くのそれまでになかった文を産出し、理解することができるという意味において、そして言語実践の核がそうした能力の行使にあるという意味において、その本質において生産的で創造的だ。そうした実践に携わる者は、身につけた語の使い方を律する規範によって束縛される。どのように使っても適切だ、ということにはならないのだ。それによってある消極的自由を放棄することになる。すなわちそうした規範による制約からの自由である。だが代わりに与えられる積極的自由によって、存分に報いられることになる。すなわち、言語実践に携わらない限り決してなしえなかったし、しようと思うことさえできなかった物事をする、という自由である。すでに身につけた語を、規範に従いつつもかつてない仕方で組み直したならば、それによって信念や欲求、意図の候補となるものが表現され、話し手や聞き手はそうしたものを採用したり拒絶したりできるのである。

そして仮にそういうものがあるとすれば、これこそがそのために言語があるという何かである。それをする「手段」があってはじめて、すべての木に対してそれより高い木が存在するということを否定できたり、すべきことをすることは常に可能なのだろうかと考えたり、貧困の根絶のために人生をささげようと決意したりできるのだ。言説的であると特に名指されるような実践、すなわち概念使用という実践の本質とはまさしく、無限に多くの、それまでにはなかった信念を抱き、無限に多くの、それまでにはなかった目的を構築する能力をもたらすことにこそある。言説実践そのものを道具主義的見地から考えてしまうと、言説実践たるものを定義するこの特徴が見えなくなる。もちろん、道具主義の決まり文句をそれでもなお使うことはできる。私が先ほど言ったように、言語によって果たされる狙いや目標、目的とは、新しい狙いや目標、目的を思い描いて受け入れるのを可能にすることである、とでも言えばよい。だがこのやり方は、実情の記述としてはミスリーディングだ。というのも、何かを目的のための手段として差し出すときには、その何かに対する特定の仕方での理解が可能となることが見込まれており、そしてそうした理解が可能となるのは、目的がそれを追求したり実現したりするのに用いうる手段を考えるのに先立って特定可能であり、同じ目的に対して異なる手段をとることが原理上可能であり、そして目標達成の成否について、用いられた手段とは独立の評価手段が利用可能である場合に限ったことなのである。先ほどの言い回しは、道具主義的な理解に関するこれらの条件を何も満たしていない。こうした理由から、局所的な道具主義的プラグマティズムだけでなく、大域的な道具主義的プラグマティズムもまた退けられるべきであると思われる(34)。

11　結論

ここで試みたのは、言説的なものについての広いプラグマティズムの伝統に含まれる諸要素を素描し、古典的なアメリカン・プラグマティストと周知のごとく関連づけられてきた狭い道具主義的なプラグマティズムから、広いプラグマティズムを切り離すことであった。また方法論的プラグマティズム、意味論的プラグマティズム、基礎的プラグマティズム、言語的プラグマティズムのそれぞれが包摂するさまざまなコミットメントについて、ここではその擁護ではなく、ただそれらのあいだの線引きのみを試みた。さらに、私の考えでは、道具主義的な種類のプラグマティズムをそれ以外のこうした思想と結合させると、これらの思想は有望になるどころか期待薄になるのだが、その理由も述べようとしてきたのであった。

注

(1)　ウィトゲンシュタイン流アプローチとタルスキ流アプローチとのあいだの一般的な区別と、そうしたアプローチを具体化した、何かしら還元的な立場（例えば道具使用をモデルとして言語使用を捉えたり、表象をモデルとして内容を捉えたりといった立場）のあいだの区別とを混同しないようにするのは肝要だ。

(2)　妙な話だが、代名詞のような照応表現はこうした例に含まれない。思うにこれは主として歴史的な理由によるものだろうが（照応代名詞は束縛変項に同化されたが、束縛変項を扱うのはこうした理論のなかでもこのうえなく意味論的な部門なのである）、こうしたコミットメントはさまざまな歪みや誤解を生みだしてきた。このことはとりわけ直示表現（deictic expression）の役割について言える。この問題については『明示化』(*Making It Explicit*. Cambridge, MA: Harvard University Press, 1994)の第七章で論じた。

(3) 意味論とここで語っているような捉え方における語用論との関係については、『言うことと為すことのあいだ——分析プラグマティズムに向けて』(*Between Saying and Doing: Towards an Analytic Pragmatism*. Oxford, UK: Oxford University Press, 2008)で詳しく説明した。以降ではこの本を「『言うこと』」と記す。

(4) この言葉はほかの仕方でもよく使われている。例えばニコラス・レッシャー(Nicholas Rescher)にはこの言葉を題名とした本がある(New York: New York University Press, 1977)。

(5) 語用論が唯一の源泉であるということではない。意味論の理論が純粋に内在的な十全性の基準を付加的に与える、ということもあるかもしれない。例えば単純性、合成性、計算可能性などだ。

(6) *Frege: Philosophy of Language*. 3rd ed. Cambridge, MA: Harvard University Press, 1993, p. 413. 以下では「FPL」とする。

(7) W・V・O・クワイン『論理的観点から——論理と哲学をめぐる九章』(飯田隆訳、勁草書房、一九九二年)(*From a Logical Point of View*. Cambridge, MA: Harvard University Press, 1953; second, revised edition 1961)に再録。

(8) こうした議論戦略を突き動かす方法論的プラグマティズムは採用しながらも、しかしその結論を退けるという論者もいるが、そのひとりはウィルフリド・セラーズである。彼の応答は、概念同士の関係によって真となる主張(良いものとなる推論)と事態を持ち出してしか説明できない主張とを区別することで、表現の使用に関するしかじかの特徴を便利に語れるようになるのだとして、当該の特徴を指し示す、というものである。候補として挙げられているのは、反事実的に頑強な(counterfactually robust)主張とそうでない主張の区別だ。例えば私のポケットに入っている硬貨はみな銅貨だというのは、反事実的に頑強ではない。というのも、このことから、あのニッケル貨が私のポケットに入っていたとしたらそれは銅貨であっただろう、などということは帰結しないが、この一セント銅貨が私のポケットに入っていなかったとしてもそれは相変わらず摂氏一、〇八三度で溶けるだろうということは帰結するからである。

(9) これはまさにデイヴィッド・ルイス(David Lewis)が論文「諸言語と言語」("Languages and Language")で真っ向から応答した反論である。この論文は『哲学論文集』(*Philosophical Papers*. Oxford University Press, 1983)に再録されている。

(10) *Wittgenstein on Rules and Private Language: An Elementary Exposition*. Cambridge, MA: Harvard University Press, 1982.〔ソール・A・クリプキ『ウィトゲンシュタインのパラドックス——規則・私的言語・他人の心』、黒崎宏訳、産業図書、一九八三年。〕

(11) これは込み入った論点だ。私はセラーズに従い(リチャード・ローティによる序文とロバート・ブランダムによる読解のための手引きが付された『経験論と心の哲学』〔浜野研三訳、岩波書店、二〇〇六年〕(*Empiricism and the Philosophy of Mind*. Cambridge, MA: Harvard University Press, 1977)の八九頁以降の数頁、および一九八〜二〇二頁(原書では p. 79 以下の数頁、および pp. 162-166)を参照のこと)、理論的存在物と観察的存在物のあいだの区別とは、それらがどのような種類の事物であるのかということに関するものではなく、そうした事物に対して私たちがどのような様式でアクセスしているのかに関するものであると理解している。ある概念がある時点において理論的であるというのは、その概念の適用が(その時点において作用している実践に照らして)適切となる条件がもっぱら推論的なものである場合に成り立つ。つまり、問題となっている事態が知覚に現れることによって、観察者から非推論的に引き出されるような報告には、そうした概念は適用できないということである。だがある時点においてこうした意味で理論的であるものであっても、別の時点では観察的なものとなりうる。冥王星はかつて推論的に措定されていたが、やがて観察可能なものとなった。それによって冥王星は、自身の存在論的身分を変えたわけではなく、自らが私たちに対して持つ認識上の関係を変えたのである。理論的存在物についてこうした意味での実在論者であったとしても、それでもなお、推論的にしかアクセスできない存在物を措定する眼目は観察可能な存在物の不審な振る舞いを説明することにあるのだ、と主張することはできる。

(12) こうした考えを代表する一節は次のようなものだ。

意味について哲学者がなす観察のほとんどは、ある単純なパターン［…］を見出したという主張を体現するものである。文の意味とはそれが真となったり偽となったりする条件であるだとか、その検証の仕方であるだとか、それを受け入れることから生じる実践上の帰結であるだとか。そのような声明を、これこそがその文の意味なのだと選び出されたただひとつの特徴以外にも文にはたくさんの特徴があるという事実を見過ごすほどに、おめでたいものであるなどと受け取るわけにはいかない。そうではなく、意味が持つさまざまな側面を結びつけるつながりをいつか説明できるだろうと願っているのだ。特定のひとつの側面が中心的なものとして選ばれ、任意の文に対してその意味を構成するものとされる［…］。そのうえで、そうした文の使用が持つその他の特徴は、中心的とされる特徴から導出されるものとして斉一的な仕方で説明されることになるのである。（FPL, pp. 456-457. 強調は筆者）

（13）例えば『明示化』の著者は（もっと分別があるものと期待されるかもしれないが）これら二種類の方法論的コミットメントをはっきりとは区別していない。

（14）『言うこと』ではこの事実を使って、語用論的メタ・ボキャブラリー（pragmatic metavocabulary）という概念を採用する動機を与えた。これは、ほかのなんらかのボキャブラリーを使っている（何かほかのことを言っている）ことになるためには何をしなければならないのか、ということを言うのに十分な表現力を持つボキャブラリーのことである。

（15）プラグマティズムのテーゼによれば、（使用を特定するのにどのようなボキャブラリーを使ってよいのかということだけに限らず）使用に関するそのほかの主張も意味論に影響を与えるということに注意してほしい。例えば言語行為こそ言語使用の基礎単位であると信じられているものとしてみよう。ある表現の発話を用いて言語行為が遂行できる場合には、そうした表現に結びついた意味論的解釈項は一種の優先性を持つことになる。つまり、その発話を使って言語行為を遂行できるようなある複合的表現があるとし、そうした複合的表現の発話の一部分になることによってしか原理的に有意味になりえないような表現について、それと結びつく解釈項に対しては前述のような解釈項が優先性を持つのである。（命題的なものがそれ以外のものに先立つということは、いくつかの補助仮説のもとでこのように到達しうるひとつの帰結なのである。)

(16) ヒューバート・L・ドレイファス『世界内存在――『存在と時間』における日常性の解釈学』〔門脇俊介監訳・貫成人・轟孝夫・榊原哲也・森一郎訳、産業図書、二〇〇〇年〕(*Being-in-the-world: A Commentary on Heidegger's Being and Time, div. 1.* Cambridge, MA: MIT Press, 1991) を参照せよ。

(17) リチャード・ローティ『プラグマティズムの帰結』〔室井尚・吉岡洋・加藤哲弘・浜日出夫・庁茂訳、ちくま学芸文庫、二〇一四年〕(*Consequences of Pragmatism*. Minneapolis, MN: University of Minnesota Press, 1982) 一七六〜二二八頁〔原著では pp. 37-59〕所収の「伝統を超えること――ハイデガーとデューイ」("Overcoming the Tradition: Heidegger and Dewey") を参照せよ。

(18) ヒューバート・L・ドレイファス『コンピュータには何ができないか――哲学的人工知能批判』〔黒崎政男・村若修訳、産業図書、一九九二年〕(*What Computers Can't Do: A Critique of Artificial Reason.* New York: Harper & Row, 1972)、およびジョン・ホーグランド『思考を持つ』(*Having Thought*. Cambridge, MA: Harvard University Press. 1988) に所収の諸論文を参照せよ。

(19) *Mind* 4 (1895), pp. 278-280.

(20) ヨハン・ゴットフリード・ヘルダー (Johann Gottfried von Herder) やヘーゲルのような二〇世紀以前の哲学者がこの見解に賛同していなかったと言うつもりはない。

(21) 『真理と解釈』(*Inquiries into Truth and Interpretation,* Oxford, UK: Oxford University Press, 1984) 所収「思いと語り」("Thought and Talk")。

(22) FPL, p. 362.

(23) こうした考え方は『哲学における理性』(*Reason in Philosophy: Animating Ideas*. Cambridge, MA: Harvard University Press 2009) の始めの三章で詳しく述べられている。

(24) Ludwig Wittgenstein, *Philosophical Investigations: The German Text, with a Revised English Translation 50th Anniversary Commemorative Edition*. trans. G. E. M. Anscombe, Malden, MA: Wiley

Blackwell, 1991.〔ルートウィヒ・ウィトゲンシュタイン『哲学探究（ウィトゲンシュタイン全集8）』、藤本隆志訳、大修館書店、一九七六年。〕

(25) ジェイムズが言語的プラグマティストであるという点には疑問の余地があるかもしれない。パースとデューイが言語的プラグマティストであるというのはかなり明白だと思われる（パースを「記号論的プラグマティスト」とでもいうような、もっと広いカテゴリーのもとに置きたいひともいるだろうが）。

(26)『明示化』でのことである。

(27) こうした議論には、真だと受け取ることについてのこうした説明から真理の説明へ、そこからさらにこの意味での真理条件をもとにした内容の説明へという移行に根拠を与えるようなさらなるステップが後続するが、現在の目的にとってはその詳細にまで踏み込む必要はない。

(28)『経験論と心の哲学』二九頁（原著 p. 33）。

(29)「弱い」というのは、なされた行為を記述するボキャブラリーの選び方によるところがかなり大きくなるためである。

(30) 少なくともデューイはここでなされている区別に意識的であったし、価値をめぐる自身の著作ではこうした区別を重要視している。だがこの区別が自身のアプローチの基礎に対して持つ帰結を彼が考え抜いたことはなかったと私は信じている。

(31) こうした考え方を現代のもっと巧妙なプラグマティズムの発想に適用することについては、論文「不成功な意味論」（"Unsuccessful Semantics," *Analysis* 54, no. 3, 1994, pp. 175-178）で論じた。

(32)『明示化』には（ほかのものに加えて）広くデイヴィドソン的と言える言語的プラグマティズムを擁護するさらに詳細な議論が含まれている。要約すると、このような流れである。概念的内容が概念的内容として理解されるには表象の次元を含んでいなければならない。だが意味論的内容が持つそうした表象の次元がきちんと理解されるとき、それは義務論的身分（deontic status）の推論的分節化が社会的視点を伴うありようをしていることによってもたらされる作用なのだと見られることになる。そしてこれは要するに、言語的であると特に名指されるような実践を、概念的内容にとって必須のものとするということなのである。

(33) とはいえ、だからといってそうした使い方について、それは要するに目的を果たすために使っているということなのだと考えるのがよい方針だなどということが帰結するわけではない！

(34) ここでの考えに従うなら、ローティが一方で新しいボキャブラリーには物事を変容させる潜在力があるとしっかり認めながら、他方でそうしたボキャブラリーについて考えたり語ったりするに際しては道具主義的なモデルを利用し続けているとき、ローティの思想にはこの両者のあいだでの強い緊張が見出されることになる。この考えは第五章でさらに推し進める。

訳注

[1] 指標詞とは文脈ごとにその指示対象や内容が決定される表現であり、英語の「I」、「you」、「she」、「he」、「that」のような代名詞や「now」や「here」のような副詞がそれに含まれる。そのなかでも特に話し手の指差し行為や意図に基づいて指示対象や内容が決定される表現は、「指示詞」と呼ばれる。「she」、「he」、「that」はそうした特徴を持っており、発話の文脈において誰が話し手で、誰が聞き手となっており、どこで発話がなされているのかといった情報だけでは指示対象が決定されず、話し手が誰を指示しようとしているのかが問題となる。これに対し「I」や「now」のような表現は、基本的には話し手の意図を参照することなく発話の文脈に応じて指示対象が決定される。こうした表現をディヴィッド・カプラン（David Kaplan）は「純粋な指標詞（pure indexical）」と呼ぶ。カプランの論文「指示詞」（"Demonstratives"）は、指標詞や指示詞の形式意味論における古典的業績である（J. Almog, J. Perry & H Wettstein eds., *Themes from Kaplan*, Oxford, Oxford University Press, 1989: pp. 481–563）。

[2] 推意とは、話し手が自身の発話が持つ字義通りの内容を超えて伝達している内容を指す。例えばきょう雨が降るかどうかを気にしているひとに対して、「私は傘を持っていくよ」と誰かが言ったとしよう。この発話は字義通りに受け取ったなら単に話し手が傘を持っていくという内容しか持たず、雨が降るかどうかに関する話し手の判断はその内容には含まれない（話し手が傘をごみ捨て場に捨てるために持って行

ったとしても、そうした字義通りの内容は真である）。しかしこの文脈でそうした発話をしたなら、普通に考えると話し手は字義通りの内容だけでなく、自分は雨が降りそうだと思っているということもまた伝達しているだろう。字義通りの内容には含まれないがその文脈において伝達されるこうした内容が推意である。推意の体系的な研究は、グライスの主著『論理と会話』（清塚邦彦訳、勁草書房、一九九八年）（*Studies in the Way of Words*, Cambridge, Harvard University Press, 1989）の三一～六〇頁（原著ではpp. 22-40）に収録された論文「論理と会話」（"Logic and Conversation"）に始まる。

［3］「発語の」、「発語内の」、「発語媒介的な」という区別はオースティン（J. L. Austin）によるもの。オースティンによれば、発語行為（locutionary act）とは何かを言うという行為そのものであり、発語内行為（illocutionary act）とは発語行為をなすなかでなされる行為である。例えば「あの車は高価なんだ」と言うとき、発語行為はそうした言葉を口にするということそのものだが、普通はそうした話し手は言葉を発するだけではなく、それをするなかで問題の車が高価であることを確言するなどといったさらなる行為をしている。この後者の行為が発語内行為に当たる。さらにそのように発語行為や発語内行為をなすことによって、話し手は聞き手や話し手（あるいは他の関係するひと）の心理や行為に影響を与える、あるいは与えようとすることがあるが、これは発語媒介行為（perlocutionary act）に当たる。「あの車は高価なんだ」と言った話し手がそれによって聞き手に金銭を出させようとしたとしたら、それは脅迫のような発語媒介行為に該当する。こうした区別はオースティンの『言語と行為』（坂本百大訳、勁草書房、一九七八年）（*How to Do Things with Words*. J. O. Urmson & M. Sbisà eds., Cambridge, Harvard University Press, 1962）で論じられている。

［4］「assertion」という語は、言語行為の分類において、あることが事実であると主張するタイプのものを指す形で用いられている。これに対し「claiming」や「making a claim」はそれに対応する日常的な言い回しとして用いられている。「assertion」は言語行為論においてしばしば「主張」と訳されるが、この訳語ではこれらの語のあいだのこうした区別が見えにくくなるため、「確言」を採用した。

［5］正確な題名は「亀がアキレスに言ったこと」（"What the Tortoise Said to Achilles"）である。

［6］　グライスは意味論的概念を心理的概念、とりわけ話し手の意図という概念によって分析しようという、いわゆる意図基盤意味論（intention-based semantics）の提唱者である。その試みは『論理と会話』（清塚邦彦訳、勁草書房、一九九八年）（*Studies in the Way of Words*, Cambridge, Harvard University Press, 1989）所収の論文「発話者の意味と意図」（"Utterer's Meaning and Intentions"）、「発話者の意味、文の意味、語の意味」（"Utterer's Meaning, Sentence-Meaning, and Word-Meaning"）、「意味」（"Meaning"）、「意味再論」（"Meaning Revisted"）に見られる。また同書収録の「回顧的あとがき」（"Retrospective Epilogue"）にもこのプログラムについての説明が見られる。

［7］　「プラグマティック」は「pragmatic」の訳語であり、これ以外の箇所では「語用論的」と訳している。それにもかかわらずここで「プラグマティック」と訳しているのは、ふたつの理由による。第一に「語用論」という日本語の構成がすでに示しているように、「語用論」という表現は言葉を用いてなされる営みを指すために用いられているのに対して、ここで述べられている欲求充足のような事柄は必ずしも言語に関するトピックではないため、「語用論」という訳語が不適当に思われたためである。第二に、ブランダムは本章冒頭において自分が「語用論（pragmatics）」と呼ぶのはフレーゲの言う力を扱う分野であると述べているが、ここでの用法はそのブランダム自身の定式化から逸脱しており、そのことが訳文から見えた方が便利だと考えたためである。だがここでの用法を単に誤りであるなどとは言い切れない。「統語論」、「意味論」、「語用論」という分野はいまでこそ言語学の下位分野をなしているが、もともとはチャールズ・W・モリスの『記号理論の基礎』（内田種臣・小林昭世訳、勁草書房、一九八八年）（Charles W. Morris, "Foundations of the Theory of Signs," *Foundations of the Unity of Science*, Vol. 1, Chicago, University of Chicago Press, 1938）で、記号論上の区別として導入された。その際モリスは、プラグマティクス（語用論）がパース、ジェイムズ、デューイによるプラグマティズムを参照して導入されたものであると明言するとともに、プラグマティクスをプラグマティズムから区別しつつも「語用論は記号過程の生物的側面つまり記号の働きに生じる心理学的、生物学的、社会学的現象のすべてを扱う」（p. 30、訳書五二頁）と、現代の「語用論」よりも広い定式化を与えている。そしてこの意味においては、この箇所

で述べられていることも語用論的であると言うことができる。ブランダムはここでこうした広い意味でのプラグマティクスと、現代の言語学化、言語哲学化が進んだ意味における語用論とを重ね合わせることで、言語への関心を強めた近年のプラグマティズムとそうでないかつてのプラグマティズムに共通する構造を見出そうとしているものと考えられる。

［8］ 基本的に反表象主義的であるとされるプラグマティズムの枠内において、推論主義の立場からいわば換骨奪胎された形で表象概念を再構成するというのがブランダムの立場である。そしてその鍵となるのが注(32)で登場する義務論的身分という概念だ。これは具体的にはコミットメント（commitment）、および（コミットメントへの）資格（entitlement）を指す。ブランダムの構想において、会話参加者たちはそれぞれの義務論的身分をスコアとして記録しながら会話を進める（これはデイヴィッド・ルイスの論文「言語ゲームにおけるスコア記録」（David Lewis, "Scorekeeping in a Language Game," *Journal of Philosophical Logic*, 8 (3), 1979: pp. 339-359）のアイデアを応用した考えである）。そしてその際に例えばコミットメントについて、私たちは二通りの態度を区別することができる。すなわち、自らコミットメントを引き受けるという態度と、会話相手にコミットメントを帰属するという態度である。ブランダムはこれを「社会的視点」の区別であるとする。そのうえで、言語実践の表象的次元とは、実のところ、会話相手に帰属したコミットメントを自らも引き受け、それを自らの推論の前提として（つまりは理由として）用いるような、相手と自分とをまたいだ理由の受け渡しにおいて立ち現れるものだと論じられる。詳細な議論については本文中でも言及されている『明示化』だけでなく、『推論主義序説』（斎藤浩文訳、春秋社、二〇一六年）（Robert B. Brandom, *Articulating Reasons: An Introduction to Inferentialism*, Cambridge, Harvard University Press, 2000）も参照してほしい。またこうした議論においてブランダムは「social」を「社会的」というよりは、会話に参加しているもの同士でのやりとりの次元、つまりは「対人的」とでもいったような意味合いで使っている。訳語を統一するために一貫して「社会的」と訳しているが、「social」がしばしばこうした意味で用いられているという点は注意してほしい。

第三章　カント的合理論に基づくプラグマティズム
——セラーズの経験主義批判におけるプラグマティズム、推論主義、様相

1　序論

　私がこの章でおこないたいのは、セラーズの「経験論と心の哲学」（"Empiricism and the Philosophy of Mind"）に見出される議論を、ほとんど同時期に書かれた彼による他のいくつかの論文が織りなす文脈へ位置づけることである。それは、彼の経験主義批判において互いに交わり合い一本にまとめ上げられた論証の撚り糸を、近いテーマを扱っているそれらの論文へとたぐることによってなされる。ここでの経験主義とは、伝統的経験主義および二〇世紀の論理経験主義という、当時残存していたふたつの主要な形式の経験主義のことだ。知覚的な言語‐入場（language-entry）能力の行使によって非推論的に得られる観察報告は、経験的な知識主張の正当化において最終の上訴裁判所となるという意味で特権的な認識論的役割を果たすということを、セラーズは常に認めていた。さらにそれゆえに、そういった判断において適用される経験的概念の内容を決定するうえで、観察報告は（彼の推論主義

的意味論を採用したならば）欠かすことのできない意味論的役割を果たすことも認めていた。しかしながら、「分析哲学をヒューム的段階からカント的段階へと移行させる」という彼自身公言する野望を念頭に、彼は認識論および（特に）意味論において、感覚経験の認知的重要性についてこの最小限で注意深く制限された特徴づけを超え出てしまうような経験主義的な野望および構想に対しては、手厳しくそして徹底して批判的だった。実のところ、セラーズの思想が有する今日でも失われない哲学的面白さは主に、そういったこと以上のものを抱え込んだすべての行きすぎた形式の経験主義に反対し彼が展開する、一連の独創的な考察および議論にあると私は考える。すべてではないにしろそのうちの一部が展開されるのは、「経験論と心の哲学」の冒頭でセラーズが批判をおこなう箇所、すなわち整地工事がなされ、後半部における建設的な理論提示のための準備がおこなわれる箇所である。しかし、そこで与えられているのは、セラーズによる経験主義批判の全体からすればほんの一部分のものにすぎない。セラーズのより大きな企ての輪郭を正しく理解していなければ、そこにあるものを理解し損ねることになってしまうのだ。

小自伝においてセラーズは、伝統的経験主義との決別は彼が三十代をオックスフォードで過ごした日々になされたとしている。彼の述べるところでは、それは「論理的、因果的、そして義務論的な諸々の様相」にどういった概念的内容が結びついているべきなのかの理解をめぐる関心に端を発したのだと言う。すでにこの時点で彼は次のような考えを抱いていたと述べている。「概念が経験においてどのような出自を持つと考えられるかではなく、それが推論においてどのような役割を果たすのかをその主要な特徴とするような、概念についての機能的理論こそが必要とされていたのだ。」(1)

この印象的な一節では、セラーズの経験主義批判を形づくる主要な考えのなかでもふたつのものが導入されている。ひとつ目は、経験主義の意味論はやがて不十分であると判明するのだが、そうした判定において鍵となる十分性の基準には、それが様相概念をどのように取り扱っているかということが関わってくるという考えである。そしてふたつ目は、概念の推論役割（*inferential roles*）に注目した、様相概念の意味論への広く言えば機能的なアプローチを代案とすることで、経験主義的意味論の不十分性は改善されるという考えだ。このアプローチは、あたかも概念の適用を引き起こす状況という川の上流へと目をやることに加えて、それらのその後の使用という川の下流にも目をやるかのごとくである。

ふたつ目の、意味論における推論－機能主義的（inferential-functionalist）な考えは、「経験論と心の哲学」において大きな位置を占めている。実際それは、思考と感覚印象の報告において適用される概念の意味論についての、セラーズ自身による建設的な説明を組み立て、そこにおいてまとめ上げられるひとつにされる原材料を与えるものだ。しかしながら、経験主義批判における様相の重要性についての関心は、この論文にほとんどまったく姿を見せていない（セラーズがそれより以前に書いた論文には明確に存在するのにもかかわらず）。経験主義の失敗についてセラーズが伝えようとしていたより大きな描像にとって、それが本質的要素ではなかったことが理由だとは思わないし、これは当時からそうだったはずだと思う。むしろ理由は、これはセラーズが苦労の末にようやくたどり着き、究極的には成功を収めたと言える、分割統治的な（divide-and-conquer）説明戦略の結果なのだ、ということにあると思う。つまりセラーズは、様相概念の扱いづらさが経験主義に提起する問題を同時に探求せざるをえない羽目に陥ることなく「経験論と心の哲学」で述べられているような考察をうまく語る方法を見つけ出すことで、ようやくこの論文を書き上げることができたのではないか、と私は思うのである。自身のプロジェクトにおけるこれらの側面を分離可能にする語り方を見つけ出したことが彼の個人的思想史において持つ重要性、これについての私の憶測が正しいかどうかはさておき、私は以下のことを主張したいと思う。様相の意味論に注目しているときにセラーズが述べていることを考察すると見えてくるような見取り図、すなわち経験主義の表現力における貧弱さについてのより詳しい見取り図のもと、「経験論と心の哲学」〔以下「経験論」またはEPM〕で何が起きているかを理解することが重要である、と[2]。

経験主義の行きすぎた野望を縛り上げ、仕舞にはそれを絞め殺すためにセラーズが使う縄には第三の撚り糸がある。それは、異なる種類のボキャブラリーが表現する意味同士の間に成立しているような、語用論的な（*pragmatic*）依存関係から生じている意味論的な（*semantic*）関係について考察するという、彼の方法論的戦略だ。ここでの語用論的な依存関係とは、それらの意味を表現するボキャブラリー断片を使用しているとみなされるために参与していなければならない実践同士の間、あるいは行使していなければならない能力同士の間に成立するものである。これは、経験主義に対してセラーズが多面的に仕掛ける攻撃における、プラグマティズム的（*pragmatist*）要素だ[1]。これは「経験論」のはじめの方の批判的部分においても重要な貢献をしているのだが、論文後半部のより建設的な議論における推論機能主義の貢献に比べると、セラーズはそれをはっきりと目立たせてはいない。さまざまな種類の事柄を言う（*say*）（したがって、考える）ために何をする（*do*）必要があるのかについての関心は、セラーズがしているることにおいて陰伏的であるにとどまっており、自分が何をしているのかについて彼が言っていることにおいて明示的にされてはいない。後に見るように、プラグマティズム的考え、推論主義的考えのどちらもが、様相に対する経験主義からのアプローチに対して彼がおこなう批判、そして様相ボキャブラリーをより十全な仕方で扱うために彼がおこなう建設的提案、その両者にとって不可欠なものとなっている。

2 「経験論」における推論主義的でプラグマティズム的な経験主義批判

私見では、二〇世紀の分析哲学における古典的なプロジェクトは、ターゲットとなるなんらかのボキャブラリー〔以下ではターゲット・ボキャブラリー〕によって表現されている意味が、どのようにしてベースとなるなんらかのボキャブラリー〔以下ではベース・ボキャブラリー〕がすでに表現している意味から、論理学を用いて組み立てられたと言えるようなものとして表現されうるかの探求として考えられると思っている。(3) ボキャブラリー同士の間に成り立つことが望まれているこの意味論的関係をどのように理解するかは（すなわち、「分析（analysis）」の意味は）、広い仕方で定義されたこの意味論的プロジェクトの内部でもまったくさまざまである。有名な例を少し挙げると、例えば定義（definition）、言い換え（paraphrase）、翻訳（translation）、さまざまな意味における還元（reduction）、随伴（supervenience）、そして真にすること（truth-making）などが含まれる。当該の意味論的関係をどのようなものと考えるにしても、ベース・ボキャブラリーからターゲット・ボキャブラリーを組み立てる過程において論理的ボキャブラリーが特別な役割を果たす、という考えがこの時期の分析哲学のプロジェクトに不可欠なものとして含まれていると私は思っている。二〇世紀において特有の形式をとった経験主義は、この分析プロジェクトにおけるコア・プログラムのうちのひとつと捉えられうる。それは、このプロジェクトのすべての参加者がなんらかのバージョンの経験主義を受け入れていたという意味においてではない。（例えば、ノイラートには彼にとってより大事であった他の意味論的コア・プログラム、すなわち自然主義があったため、これと衝突すると目された場合経験主義は棄却された。）そうではなく、なんらかのターゲット・ボキャブラリーについて経験主義を棄却した者でさえ、経験主義的分析が可能かどうかということは重要な事柄であると考えたし、正当な哲学的課題を設定するものと考えた、という意味においてである。

このような理解のもとでは、二〇世紀の経験主義は大きく分けて三つの経験主義的ベース・ボキャブラリーを提案したものとして考えることができる。最も制限の強い種類のものは、現象主義的（*phenomenalist*）ボキャブラリーから成っている。これらのボキャブラリーは、事物が客観的にどのようであるかではなく、それらが主観的にどのように現れる（*appear*）かについて詳述したり、あるいは主体が持つまだ概念化されていない知覚的経験（*experiences*）、あるいはまだ解釈されていない感覚的所与（*given*）（感覚に与えられるもの、つまりセンスデータ）について述べたりする。もう少し制限の弱い経験主義的なベース・ボキャブラリーは、二次性質（*secondary qualities*）を表現するボキャブラリーへと限定されたものである。なお、ここで二次性質は、いくらか緩められた意味で何か直接知覚されるものであると考えられている。さらに緩められたバージョンの経験主義は、観察可能な事象について非推論的に引き出された知覚的報告をする際に使用されるような、観察（*observational*）ボキャブラリーにそのベース・ボキャブラリーを制限する。最初に挙げた現象主義的な種類の経験主義的ベース・ボキャブラリーにとっての典型的なターゲット・ボキャブラリーには、事物が実際に、つまり客観的にどのようであるかについての経験的主張を表現するボキャブラリーが含まれる。これは言い換えると、あらゆる客観的な経験的概念について、それらが適用可能か否かを表現するボキャブラリーである。二次性質〔をベース・ボキャブラリーとする〕経験主義にとっての典型的なターゲット・ボキャブラリーには、一次性質（*primary qualities*）について、すなわち受け手の反応に依存しない概念の適用可能性について述べるあらゆるボキャブラリーが含まれる。観察ボキャブラリー〔をベースとする〕経験主義にとっての典型的なターゲット・ボキャブラリーには、理論（*theoretical*）ボキャブラリーが含まれる。経験主義はその種類によらず、自然法則を表現するのに使用される様相ボキャブラリーや、確率論ボキャブラリー、規範ボキャブラリー、そしてその他の、それ自体で哲学的に興味深いさまざまな凝ったボキャブラリーについて、その意味論を保証できるかという可能性にかかずらうものである。経験主義にとって、標準的な選択肢は以下のふたつだ。ひとつの選択肢は、与えられたターゲット・ボキャブラリーがお好みの経験主義的ベース・ボキャブラリーからどのようにして組み立てられうるかを示すこと。もう一方の選択肢は、そうしたボキャブラリーがいずれは意味論的に理解できるようになるか否かについて局所的な懐疑論を受け入れ、それにどう応じていったらよいのかを示すことである。(4)

「経験論」におけるセラーズの経験主義批判の中心には、最も弱くコミットメントの少ない、観察

〔ボキャブラリーをベースとする〕バージョンの経験主義への反論がある（しかるべき変更を加えた上で、批判はより強いバージョンの経験主義にも当てはまる）。その議論は、彼の推論機能主義的な意味論と、彼のプラグマティズムとの両方に基づくものである。その根本的な戦略は、経験主義のベース・ボキャブラリーとして提案されたものが語用論的に（*pragmatically*）自律していないことを示すことで、それが意味論的に（*semantically*）自律していないことを示すというものだ。観察ボキャブラリーは、他のボキャブラリーを一切使用することなしに使用することのできるボキャブラリーではないのである。観察をした結果についての非推論的な報告は、言語の自律的な階層を形成しはしない。特に、非推論的報告をしているとみなされるためにする必要があることに目を向けるならば、それは次のような推論実践の文脈のうちでなければ参与できないような実践であることがわかる。その推論実践とは、それらの観察〔報告〕を、推論の結論（*conclusions*）を導出するための前提（*premises*）として使用し、それ自体は観察〔報告〕ではないような判断を形成したりコミットメントを引き受けたりするための理由（*reasons*）として使用するという実践だ。意味論についてのセラーズの推論機能主義はこの議論において、次の主張を裏づけるという役割を担っている。いかなる判断、主張、信念についても、認知的、概念的あるいは認識的な意義を持つ、すなわち知識あるいは証拠となりうるものであり知性を伴う（*sapient*）状態あるいは身分であるのに必要とされる仕方で内容を持つためには、ある特定の役割を推論を介した理由づけ（*reasoning*）において果たすことができるのでなければならず、つまりそれらはさらなる判断、主張、あるいは信念のための理由として機能すること、したがってそれらがそこから推論されるところの前提として機能することができなければならないという主張だ。推論を介した理由づけにおける役割、特にそれらの判断、主張、信念といったものが何を支持する理由あるいは証拠として機能することができるかということは、それらが現に持っているような意味論的内容を持っているということにとって、単に偶然的ではない本質的な構成要素である。そしてこのことは、概念を観察において非推論的に理解、把握、あるいは適用しているとみなされるためには、それらを少なくともなんらかの結論を導く推論における前提として、つまりまさにそれゆえに概念の非推論的な適用であるとはみなされないものとしても使用することができなければならないということを意味する。また同様の理由で、いかなる言説実践も、非推論的に前提を獲得するということのみによって成立することはできず、結論を導出するという対応した実践を必要とするのだ。よって、概念の非推論的、観察的使用は自律的な言説実践を構成しない。それは、他の言語ゲームを一切することなくできるような言語ゲームではないのだ。そして、ボキャブラリーの観察的使用が推論的使用へと語用論的に依存していることについてのこの結論は、そういった観察が何についてのものであるかにかかわらず成立する。それが外的環境の観察可能な特徴であっても、主体にとっての単なる現れがどのようであるかであっても、自分自身の心が現在持っている内容であっても、である。

何かを言う（あるいは考える）ことができるために何をする必要があるのかということについてのプラグマティズム的な関心はここで、概念的内容に関する意味論上の推論機能主義と結びつくことで、経験主義者の提案するベース・ボキャブラリーは語用論的に自律していないという議論を形成している。それが自律していないのは、およそ非推論的に主張をしているとみなされるためには、推論的に主張をすることができなければならないからである。そうであるならば、潜在的にリスクを含んだ

〔言語ゲームにおける〕推論的な指し手というものは、観察を通じて直接知られる事柄から成立した意味論的に自律している基礎のうえに形成される、原理的にオプショナルな上部構造なのだ、などとはみなされえないのである。

これが彼の最も一般的で最も強力な議論なのではあるが、現象主義的ベース・ボキャブラリーの採用にこだわる、より実質的コミットメントの強い形式の経験主義に反論する際には、セラーズは以上の議論だけに話を限定していない。それに加えて彼は現象主義的ボキャブラリー（の少なくともひとつの主要な種類のもの）と客観的ボキャブラリーとの関係について、各々のボキャブラリーを使用するためにする必要があること同士の間に存在する語用論的依存関係に基づいた建設的な説明を展開することで、経験主義者の提案するベース・ボキャブラリーが意味論的に自律的な言語の階層を形成しないという議論を再びしている。それこそが「見える（looks）」の語りと「である（is）」の語りとの間の関係についてのセラーズの説明なのだ。

それは、ボキャブラリーを観察的に使用するためには何をする必要があるのかについての彼の建設的な説明から生じ、発展しているものだ。緑という概念を非推論的に適用するためには、少なくともふたつのことができなければならない[4]。まず、緑色の事物の視認可能な現前に対して、信頼可能な仕方で弁別的に反応することができなければならない。これは盲目の、あるいは色覚異常の言語使用者には欠けている一方で、ハトやオウムといった言語を持たない動物が有しているものである。そして次に、上記の能力は、緑色の事物の視認可能な現前に対して緑という概念を適用して信頼可能な仕方で弁別的に反応する、という仕方で発揮されうるのでなければならない。それゆえ、主体はこの概念を所持し、把握し、また理解している必要がある。セラーズいわく、「概念の把握は語の使用の習得である」のであり、そして彼の推論機能主義によるとそれは推論的使用を含んでいなければならない。つまり、何かが緑色であるということから何が帰結するのか、そして何がそれを支持したり退けたりする証拠となるのかについて、少しくらいは知っていなければならないということである。これが、盲目あるいは色覚異常の言語使用者にはあって、ハトやオウムにはないものだ。前者〔言語使用者〕の振る舞いのみが、理由の空間のなかにおいて位置を占め、概念的な内容、つまり推論的に分節化されている（inferentially articulated）内容を持ったものにコミットするという語用論的な意義を持つことができるのである。

セラーズによるネクタイショップのジョンの寓話[5]のポイントは、次のようなことの説得性を示すという点にある。すなわち、「見える（looks）」あるいは「のようである（seems）」は、事物が実際にどうであるかについてのいかなるコミットメントも引き受けることなく、単にそれらが我々にとってどのように現れているかということを表現するボキャブラリーだが、それらがもともと本拠地とする言語ゲームは、原理的によりリスクを伴う、事物が客観的にどうであるかについて報告をするという実践へと、語用論的に寄生している言語ゲームであるということだ。というのも、セラーズの主張するところでは、事物が単にどのように見えるかについて何かを言っているとみなされるためにする必要があるのは、何かに対してそれは緑であるという主張をもって反応するという信頼可能な弁別的反応傾向性を表明（*evince*）しつつも、その一方で（主体の置かれた状況と、そこにおける主体の信頼性についての付随的な信念を理由として）その主張の是認を差し控える（*withholding*）ということだからである。もしこれが「見える」という主張をする際に主体がしていることなのであれば、「である」という主張について誤りうるのと同じ仕方では、主体は「見える」という主張について誤りえない。というのも、主要なコミットメントは、引き受けられているのではなく、むしろ差し控えられているからである。そしてこのことから帰結するのは、事物が実際にどうであるかへのコミットメントなしに事物が単にどのように現れているかを表現する現象主義的な「見える」の語りは、自律的な言説実践ではないということだ。それは他の言語ゲームを一切おこなわずにすることができるような言語ゲームではなく、実際のところ客観的な「である」の語りへと語用論的に寄生しているのである。

このよく知られた議論をここで繰り返すことの真意は、そこで次のふたつの要素が果たしている役割を強調することにある。ひとつは、さまざまな事柄を言っている（つまり、なんらかの種類の意味を表現するべくボキャブラリーを使用している）とみなされるために何をすることができる必要があるのかについての、セラーズのプラグマティズム的な強調であり、もうひとつは、あるボキャブラリーが推論を介した理由づけにおいて果たす役割は、その意味論的内容に不可欠の貢献をするという、断固とした彼の推論機能主義的な主張である。セラーズ自身は続けて議論しないものの、経験主義者が候補として挙げるベース・ボキャブラリーの意味論的自律性をこのふたつの考え方が結託して掘り崩すさまは、二次性質〔をベース・ボキャブラリーとする〕経験主義に対して、パラレルな反論の雛形を提供してくれる。というのも、あるものが二次性質概念であることにとって少なくともその必要条件となるのは、対応した「見える」の語りの導入を支えてくれるような観察的役割をその概念が持つことなので、「見える」の語りの習得は二次性質概念の習得にとって不可欠なものとして捉えることができるからだ。〔二次性質経験主義によれば〕「緑に見える」〔という語りの習得〕は緑の概念の習得に不可欠であるが、「四角形に見える」〔という語りの習得〕は四角形の概念の習得に不可欠ではないということになる。二次性質経験主義に対しての、提案されたベース・ボキャブラリーの非自律性を経由する反論において補われなければならないのは、こうした構造〔当該の概念習得における「見える」という語りへの依存構造〕を持たない一次性質概念への推論的なつながりを持つことなしに、この種の表現〔二次性質概念とそれに対応した「見える」表現〕のみから成立するボキャブラリーを習得するということなどはありえない、ということを示す論証であるだろう。

3　プラグマティズムと現象主義

ここまでのところ私は、「経験論と心の哲学」に現れる反経験主義的な諸議論に一般的特徴づけを与えることだけに話を限定してきた。経験主義による様相の扱いは、そういった議論のどれにおいても取りあげられてはいなかった。ここからは、他のところで提示されている様相概念の重要性に目を向けた議論へと結びつけることによって、これまでの議論を前とは少し違う額縁にいれてみることにしたい。これまでの議論は、あるボキャブラリーが経験主義的分析のベース・ボキャブラリーとして機能するための適合性に関するものであった。というのも、そのような分析にそもそもかかずらうことの動機が首肯できるものであるためには、ベース・ボキャブラリーの意味論的自律性が一般に求められるからである。ここから紹介する議論は、こうした分析それ自体の十分性を判断する基準に目を向けるものだ。本節での私の所見は、セラーズの「現象主義」（"Phenomenalism"）という論文における議論に関するものとなる。この論文は、「経験論」の姉妹編のようなものとしてみなすことができる。（後に私は同時期に書かれたもうひとつの論文についても論じる。私見では、その論文とこれらふたつの論文は結びつけられて、三つ組（トロイカ）とみなされるべきである。）この論文で、セラーズはまず第一に様相についての論点に言及するものの、紙幅を割いてはいない。彼自身の主要な関心はむしろ〔この論文における〕ふたつ目の論点にあり、それは現象主義的分析において使用されるボキャブラリーの〔後に述べる〕あるもうひとつの側面が関わってくるものである。しかし本章での目的を踏まえ、ここではセラーズが実際にしているよりももう少し詳しく、様相についての論点を見てみることにしたい。

通常の客観的なボキャブラリーに現象主義－経験主義的な意味論的分析がなされる際、基本となる考えは次のようなものである。心から独立な対象、それらが持つ性質や関係などについての語りが果たしている表現役割は、現象主義的ボキャブラリーの内で特徴づけられる感覚経験のパターン、それらの規則性、それらについての一般化といったものについての語りによって果たされうる。私の経験している赤い曲面が、私が経験していない部分（例えば表面と同じように膨らんでいて赤い背面、そして白い中身といった部分）を持ったリンゴについての経験であると言うことは、私がもしそれをひっくり返したり、切り開いたりしたならば経験するであろうこと（what I *would* experience）について何かを言っているものとして適切に理解されうる。私がキッチンを出た後もリンゴが部屋のなかに存在し続けたということは、もし私が戻ったならば経験したであろうことの問題なのである。ここでまず明らかに見てとれるのは次のことだ。感覚、経験、何かに対しての現れ（beings-appeared-to）などといったものを状況が引き起こす力（*powers*）、あるいはそういったものが主体の内に生じる傾向性を引き合いに出すような客観的現実の説明には、本質的に様相概念の使用が伴っている。客観的現実を構成すると言われる主観的現れにおけるパターン、規則性、一般化といったものは、様相的に頑強（ロバスト）であり、反事実的状況においても支持されるような、パターン、規則性、一般化である。私が実際に経験したことについての語りは、経験的対象の経験されていない時間的あるいは空間的な部分についての主張を、それ自体で保証しはしない。二〇世紀の論理経験主義は、論理的ボキャブラリーの表現的リソースをフルに利用すれば、外的対象の似像を作り上げるために感覚経験のつなぎ合わせをする「接着剤」としてそれを使うことができるということを理由に、伝統的経験主義を越えて先へと進んでいくものと見込まれていた。しかしながら、現象主義バージョンの経験主義プロジェクトにとって、外延的（*extensional*）な論理的ボキャブラリーは表現力においてまったく十分ではない。それゆえ、C・I・ルイスが（『知識と評価の分析』（*Analysis of Knowledge and Valuation*）において）通常の客観的な経験的言説に属する「非－終結判断（non-terminating judgements）」を現象主義的な条件文の形をとる「終結判断（terminating judgements）」の無限集合へと翻訳することを提案したとき、それらには厳密（*strict*）含意ないし必然的含意というルイス〔の体系〕における様相概念が用いられねばならなかったのだ(5)。同様の論点を、A・J・エア（A. J. Ayer）のような現象主義的還元主義者たちについても述べることができる。このような見通しからの帰結として私が注意を引いておきたいのは、客観的な語りの現象主義－経験主義的な分析、翻訳、あるいは還元において〔様相概念を用いる〕こういった戦略をとりつつ、なおかつ同時に様相ボキャブラリーが表現していることについてヒューム的な懐疑主義者であることはできないということだ。よって、現象主義的経験主義の採用する建設的戦略は、そもそもほんの少しの成功の見込みしかないだけでなく、その本質的特徴において、伝統的な経験主義および二〇世紀の論理経験主義の両者が結論する様相概念についてのよく知られた懐疑的結論と、まったく両立不可能なのである。

これは強力な議論だ。しかしながら、論文「現象主義」におけるセラーズの主要な関心は、その後に現れる論点にある。事物が客観的にどうであるかについての判断に対応している、感覚経験についてのパターン、規則性、一般化を成文化する条件文は、仮定法的、反事実的に頑強(ロバスト)な条件文[6]でなければならないだけではない。それらが実質的に十分でありうるためには（つまり、せめて近似的にでも正しいような真理条件をそれらに与えるためには）、条件文の前件それ自体は現象主義的ボキャブラリーではなく客観的ボキャブラリーによって表現されていなければならないのである。真である（少なくともそれなりには真である）のは、もし私が実際にリンゴの向きを変えたとしたならば、それを切ったならば、あるいはそれが置いてあるキッチンの場所に戻ってきたならば、私にある種の感覚経験が生じたであろうということだ。しかし、単にこういったことをしたと私にそう思われる（*seem to do*）ならば、対応したこれらの経験が私に生じるはずだ、ということは必ずしも一般的に真ではない。というのも、そのような現象主義的な言葉で前件が表現されると、それは想像、目の錯覚、夢、幻覚、などといった事例でも充足されてしまうのだが、しかしながらまさにそれらは対象を構成するとされる規則性に支配されていない事例であるからだ。セラーズはこの論点を次のようにまとめる。

感覚内容から成る枠組みと物理的な対象から成る枠組みとの間の関係性が［現象主義的な］モデルで理解可能であると主張することは、感覚内容について帰納的に確証可能な一般化があって、それらの一般化は「原理的には」客観的な事物についての言語を使用することなく定式化され得る、という考えに与することである。［…］この考えは誤りだ。(6)

それが誤りなのは、以下の理由による。

過去の経験において得てきた実際の感覚内容から、当該の一般化において前件となるべき複雑なパターンを選び出すということそれ自体が、知覚者としての我々についてであったり、我々がそのうちで知覚を行っている具体的な物理的な環境についてであったり、感覚の生起と身体や環境についての条件とを相関させる一般原則についてであったりの、常識的知識を前提としている。ある一定の性質を持ったとある対象に対してある一定の知覚的な関係に立つことで生じる感覚内容のパターンというものを選択する際に、条件文の後件において言及されている感覚内容は、その性質を持つ対象に対してそういった関係に立ったとき、通常我々の内に生じるようなものであるということを、我々はすでに知っているのだ。

そしてこの議論は、以下の点を明白にするものだという。

私秘的な感覚内容から成る枠組みというものは、人々とそして物理的な事物から成る公共的で間主観的な論理空間へと、論理的に依存している(7)。

よって、現象主義的ボキャブラリーは自律的ではないのである。それは、他の言語ゲームを一切することなしにできるような言語ゲームではない。特に、現象主義的ボキャブラリーの使用のうちに、通常の客観的な経験的語りと同じ語用論的な機能の多くを果たすと見込めるかもしれないようなものがあるとしたら、それらはそれ自体そういった客観的ボキャブラリーの運用能力を前提するものなのである。

セラーズが指摘するように、現象主義バージョンの経験主義に圧力をかけることで得られる教訓はより一般に当てはまるものである。特に、ベース・ボキャブラリーが観察的なもの（持続存在する経験的対象についての観察を含むようなもの）であり、ターゲット・ボキャブラリーが理論ボキャブラリーであるような、より制約の弱いバージョンの経験主義にもこの教訓は当てはまる。まず、理論的存在についての語りが観察可能な存在についてのパターン、規則性、一般化といったものについての語りへと翻訳可能、あるいはそれによって置き換え可能だとしよう。だとすると、それらは、法則的（*lawlike*）で、反事実的状況においても支持されるような規則性、一般化でなければならない。そういった規則性、一般化は、もしも主体が一定の状況に置かれたら、あるいは実験器具をある一定の仕方で設置したならば観察されるであろうことへの推論を許すものでなければならない。というのもここでも同様、それを確言（assert）することが理論ボキャブラリーの運用と同じ語用論的な効力を持つ（そうすることで理論ボキャブラリーの運用と同じことをしていることになる）のであると、道具主義的経験主義者がひとまずは多少の説得力をもってみなすところの観察についてのパターン、規則性、一般化というものは、主体が単に事実として何を観察したかという偏狭で単なる自分語りという意義しか持たないような偶然的事柄を超えるものでなければならないからである。理論が述べるのは、電流が磁場を引き起こし、それは適切な観測装置がそこにあるかどうかとは関係がなくそうだということだ。そしてそれは、何が観察可能（observable）であるか、つまり観察されうる（could）のかということから理解されなければならないのであり、単に何が実際に観察されたかということでは不十分なのである。これはつまり、次のように言うことと同義だ。道具主義的な、観察的〔ボキャブラリーをベースとする〕形式の経験主義も、真理様相ボキャブラリーが表現していることの理解可能性に関するヒューム＝クワイン的懐疑論とは、両立不可能なのである。

現象主義的な形式の経験主義へのふたつ目の反論についても、それと類比的なものが道具主義的な形式の経験主義に当てはまるだろう。というのもここでも同様、もしも一定の条件が満たされたならば、あるいは一定の操作がなされたならば観察されたであろうこと、されえたであろうことを述べる反事実条件文の前件それ自体が、純粋に観察的な言葉のみによっては定式化できないからである。回路計の端子が電線にもしもつながれたとしたら、その針は観察可能な仕方で動いたであろうが、しかし何かが回路計であるということはそれ自体純粋に観察的な言葉で述べ直すことができる事実ではない。何かが回路計であるということは機能的特徴づけであり、純粋に物理的な言葉によるいかなる特徴づけとも同値ではない、という事実はとりあえず脇に置いておくこととしよう。それでもまだ、ある特定の種類の回路計の構造を記述するには、それが銅でできているとか、それが絶縁体である、といった概念（これらもまた機能的であり、かつ理論的なボキャブラリーの一部である）を持ち出して使用することになるだろう。道具主義者の掲げる意味論的な目標を達成するためには、それぞれの理論的な主張を、総体としてそれと語用論的に同値となるような反事実的に支持される条件文の集合と結びつけ、そのときそれら条件文の後件が観察的ボキャブラリーのみによって記述されているようにする、というだけでは十分でない。それら条件文の前件に現れている理論語も、すべて同じように置き換えられなければならないのだ。実際の理論的主張についての道具主義的還元には、この条件をせめて満たそうと試みるものでさえ未だ提案されていない。

　セラーズはその話題を追求しておらず、また私もここで追求することはしないが、二次性質ボキャブラリーの使用のみによって一次性質ボキャブラリーの使用を理解しようと試みる種類の経験主義についても、しかるべき変更を加えた上で、対応する議論があるのではないかと予想できるだろう。その種の経験主義によれば、我々が一次性質についての語りで意味していることは、二次性質を生じさせる力、また二次性質を知覚する我々の傾向性といったことによって、つまり様相的に頑強（ロバスト）で、反事実的に支持されるような一般化によって、現金化されなければならない。ここで難題となるのは、実質的に十分となるそういった条件文の集合について、〔それら条件文の〕前件の特定を、公式に使用が許可された二次性質ボキャブラリーのみによっておこなうことであろう。

4　セラーズのプラグマティズムと様相

これまでに考察された議論は、現象主義や道具主義といった形をとる分析的経験主義の意味論における野心に、次のような仕方で限界を突きつけるものである。第一に、経験主義の提案するベース・ボキャブラリーに必要とされる意味論的自律性について、その語用論的な前提条件に注目することによって。そして第二に、さまざまなターゲット・ボキャブラリーについて、そこに含まれる項目が適用される状況、およびそれらを適用することの帰結、といったものの再構成として提案されている、ベース・ボキャブラリー内の特定の種類の推論パターンをより詳しく見ることによって。ここで見てとられたのは、そのような再構成が実質的に十分となるためには、再構成における右辺だけではなく左辺においても（つまり被定義項のみならず定義項においても）、ターゲット・ボキャブラリーに含まれる語の使用が消去不可能な仕方で含まれざるをえないように思われるということだった。これらの議論で様相が役割を果たす理由はというと、再構成を実質的に十分なものとするためには、ベース・ボキャブラリーにおける反事実的に頑強（ロバスト）な推論へと訴えることが必要であるということが判明する、といったことからだけにすぎなかった。その限りにおいて、現象主義的な形式、道具主義的な形式、そして二次性質に訴える形式というそれぞれの経験主義における建設的な意味論的プロジェクトは、真理様相（alethic modal）ボキャブラリーが表現しているものに関する局所的な意味論的懐疑論と衝突するのである。そしてこの局所的な意味論的懐疑というのは、意味論に対する経験主義的アプローチから生じ、経験主義に特徴的で主軸となっているような批判的帰結であり、その伝統的な段階ではヒュームに、論理主義的な段階においてはクワインに集約されるものだ。

「反事実文、傾向性、因果的様相」（"Counterfactuals, Dispositions, and the Causal Modalities"）（以下「反事実文」またはCDCM）[8]という、この時期に書かれたもうひとつの長大で画期的な論文（これは一九五七年の二月に書き上げられた）において、セラーズは経験主義者による様相の取り扱いに直接反論している。この論文によって、「経験論と心の哲学」においてはその口火が切られたにすぎなかった、経験主義の主要な論点と構想に対する二方面からの攻撃が完遂され、その構図が見えるようになる[9]。ここでのセラーズの主要なターゲットは、「すべての言説を、記述することに同化するという傾向」であり、彼によればそれは「経験主義の伝統において、さまざまな形態の『〇〇は××にすぎないのである主義（nothing-but-ism）』（以下では「すぎない主義」）（情動主義、哲学的行動主義、現象主義）の蔓延を招いた[10]」大元凶である。この論文でセラーズが論じるのは、ヒュームによって採用された、次のような形式の経験主義だ。真理様相ボキャブラリーは、何が必然的で何が可能的であるのか、あるいはそうでないのか、といったことを述べられるようにするのだが、それによって表現される自然法則言明にこの種の経験主義が見出すのは、事実としての規則性、あるいは恒常的随伴の表現「にすぎない」ものだけである（ただし、因果的様相について挙げられている考察に対応するものは、論理的および義務論的様相にも当てはまるものとして意図されているということを、彼は明示的に主張しているのだが[11]）。ここでのセラーズの議論が直接反対しているのは、様相ボキャブラリーが世界についてどのようであると言っているのか、また事物をどのようであるとして記述しているのかが特定できないということを根拠として、様相ボキャブラリーは意味論的に理解不可能――それを使用することで我々は、非様相的に特徴づけができる普遍的な記述的一般化の存在の承認以上の何かを主張してしまっているという限りにおいて〔理解不能〕――であると結論するような見解である。

ヒュームが見出したのは、実際の観察可能な経験的事実についてどれほどよく理解していたとしても、それらを関係づけ、あるいは支配しているような規則の理解が得られないということだった。実際に生じた事柄のうち、どれが（その他のことを踏まえたうえで）生じなければならなかったのか、つまり（少なくとも条件つきで）必然的であったのか、といった問いにそれらの事実は答えてくれないし、また生じることのなかった事柄のうち、どれがそれでもなお可能的であったか（実際に起きたことに関係する法則によっては排除されないのか）についてもそうである。この問題が関係しているのは、次のような種類の推論の正当化可能性、および理解可能性だ。その推論とは、様相ボキャブラリーの使用によって明示化されるたぐいの、様相的に頑強（ロバスト）で、反事実的に支持されるような推論のことである。ヒューム（そして彼に倣って、クワイン）は、認識論と意味論に細心の注意を払う哲学者は次のような厳しい選択に迫られると考えた。様相ボキャブラリーを非様相的な言葉で説明する――すなわち、反事実的に支持される推論において帰結をその適用が正当化することになるような、〔様相概念の〕適用条件というものを非様相的な言葉で説明する――方法を示すか。あるいは、様相ボキャブラリーなしでやっていく、すなわち、不可解で超自然的なコミットメントをすることなく科学においてやらねばならないことをやっていくにはどうしたらいいかを示すのか、という二択である。

この要求は常に、経験主義と自然主義との間にある緊張関係の最大の源泉であった。セラーズが

「世界を記述し説明するという次元において、科学が万物の尺度である。科学が存在するものについて存在すると述べ、存在しないものについて存在しないと述べるのである」[12]というスローガンに集約しているような、科学的自然主義においては特にそうである。というのも、現代の数学化された自然科学から法則、反事実文、そして傾向性といったものへの関係性が剝ぎ取られたら、つまり真理様相ボキャブラリーによって表現されるものがそこから失われたら、それはあたかも〔旧約聖書に登場する、髪を剃られて自慢の〕怪力を失ったサムソンより取るに足らないようなものとなってしまうからだ。もともとは活き活きとしていた営みの、生気を失ってもはや見る影もない断片的な残骸のようなものである。この堪えがたい緊張関係（これはウィーン学団のメンバーによって特に痛切に意識され、またメンバーを分断した主要な論点のひとつでもある）を解消するためにセラーズが概して勧めるのは、彼が明らかにしたところでは経験主義の意味論的記述主義（descriptivism）にその源があるという、ある種の排外主義と厳格主義とを緩めることである。

「世界が記述されるのは記述的概念によってである」というトートロジーが、すべての非 - 論理的概念のなす仕事は記述なのだ、という考えから解き放たれたならば、以下のような懐の大きい（*ungrudging*）見方への道が開けるだろう。経験主義者たちによって言説内の二級市民の地位に追いやられた多くの表現は、劣っているわけではなく、単に異なっている（not *inferior*, just *different*）だけなのだ。[13]

経験主義者の建設的および再構成的なプロジェクトのさまざまなものにとって、意味論的自律性についての主張が本質的なものとなるという、論文「経験論」および「現象主義」においてなされたセラーズの診断によって今や我々は開眼させられているし、またそういった主張に対する彼の批判、すなわち、ベース・ボキャブラリーの候補とされるものの使用あるいは運用が、どのような推論的に分節化された実践を必要とするかといったことに基づいた批判にも慣れ親しんだ。ここで様相について 経験主義者が持つ批判的な不信および敵意に対して、セラーズの反論が同じパターンを取ると言って も、驚きはないだろう。というのも、ヒューム＝クワイン的な経験主義者による様相ボキャブラリーの真っ当さに対しての意味論的な異議申し立ては、純粋に記述的でいかなる様相的なコミットメントも含まないような経験的言説の階層がまず独立してあらかじめ理解可能なものとしてあり、それが意味論的に自律したものとして背景およびモデルとなって、様相的言説は不公平にもそれと比較されることで言説としての資格を持つかどうかが判断される、といった考えに基づいているからである。

今までの場合と同様、ここでも議論には次のふたつのことが関わってくる。ひとつは、候補とされるベース・ボキャブラリー、つまりここでは「純粋に記述的な」ボキャブラリーであるが、それを運用するにあたり主体がしていることに目をやるというプラグマティズムであり、もうひとつは、そういった使用がそのボキャブラリーを特徴づける表現役割を果たすために必要とされる、そのボキャブラリーの推論的に分節化されているという本性である。ただし、ここでの議論は今までのものに比べてより繊細で複雑である。まずひとつに、明示的に様相的なボキャブラリーを含まない純粋に記述的な言説というものが原理的には理解可能であるということを、私の読むところセラーズが否定していないということがある。[14] そしてもうひとつには、プラグマティズム的、推論主義的な一般戦略を推し進めてこの場合に適用しようとする際には、様相ボキャブラリーに特有の表現役割と、普通の非様相的な記述的ボキャブラリーそれ自体を使用して主体がして*いる*こと（特に、受け入れている推論的コミットメント）との間の関係について詳しく述べることになるわけだが、これには独特の困難があり、またそれに応じた議論の繊細さが必要だからである。

ここでのセラーズの議論の基礎をなしている語用論的な依存関係とは、次のような事実である。

> 記述することと、説明すること（未来を予測すること（predicting）、過去について推測すること（retrodicting）、理解すること）とは、*区別可能*（*distinguishable*）であるものの、重要な意味でまた*分離不可能*（*inseparable*）でもある。我々がそれでもって対象を記述するところの表現、目に見えるサイズの対象の知覚可能な特徴についての語といった基本的な表現でさえ、それらが単に事物にラベルを貼るだけではなくて、なんらかの事物を曲がりなりにも記述していることになるのは、対象を含意関係の空間（a space of implications）の内に置くからにほかならない。言語の記述的リソースと説明的リソースは互いに手を取り合って行くものなのである。[15]

ボキャブラリーの記述的使用は、ある記述が他の記述の理由として、あるいは説明として現れるような、推論的に分節化された「含意関係の空間」を前提するのである。そういった記述を理解するためには、それらをこうした空間の内に置くことが必要なのだ。主体のしていることが*記述する*ことであるとみなされるために主体がすることができなければならない他のこと（すなわち、推論すること、説明すること、ある主張を他の主張のための理由として扱うこと）に関するこのプラグマティズム的主張は、以下の原理を介して様相ボキャブラリーの使用へと結びつけられる。

こういった〔様相〕表現を直に使用するということは、事象を説明したり、あるいは確言を正当化したりといったたぐいのことにかかずらうことなのだ。[16]

つまり、様相表現を使用するにあたってしていることとは、説明することであり、正当化することであり、あるいは推論を是認することなのである。よって、Aは必然的にBである、と言うことでなされているのは、何であろうとそれがAである、ということから、それがBであるということへの推論を是認することなのだ。

私が先に触れた困難のひとつ目は、そのような推論のパターンを是認するやり方は、Aは必然的にBであるということを言う以外にも存在するという事実から生じる。ある人がそのような推論を是認していることは、その人がする他のこと、つまりその人が参与しまた承認している、推論を介した理由づけにおいて陰伏的（*implicit*）であり、その人が言うことにおいて明示的になっていないということもありうる。よって、記述するという営みが、推論の是認を含んだ小分けできないひとまとまりの語用論パッケージの一部であるという事実（これは事実であると私は想定している）と、様相的な主張をするときにしていることは推論の是認であるという事実から、様相ボキャブラリーの使用から切り離された記述的ボキャブラリーの使用がありえないということはまったく帰結しないのである。困難のふたつ目は、様相的主張をなす際にしていることはある推論のパターンの是認であるということに関してセラーズは正しいかもしれないが、だからといってそのことで主体はある推論がよいということを言っている（*saying that* an inference is good）というわけではないことは明らかだという事実から生じる。例えば「純銅は必然的に電気を通す」と言うことによって私は、何かが純銅であるということからそれが電気を通すものであるということへの推論を制限なしに是認しているのだとしよう。しかしながらそれでも、私は推論、説明、正当化、あるいは含意関係について何も言ってはいない。実際私が言ったことは、推論というもの、そしてそういった推論を是認する人々が存在していなかったとしても、したがって記述をする人々、言説実践を行う人々がそもそも存在していなかったとしても、真でありえたようなことだ[17]。以上の二点は、セラーズによる次のふたつの議論の十全性を判断するにあたって、主要な基準を設定するものである。まず、様相ボキャブラリーのプラグマティズム的、推論主義的な取り扱いについてセラーズがする建設的な理論展開。そして、様相ボキャブラリーが意味論という観点から見て信用にたるものかということについて経験主義的批判の持ち出す純粋に記述的なベース・ボキャブラリーは、批判が前提としまた必要としているたぐいの言説的な自律性を欠いている、という彼の議論だ。

この論文におけるセラーズの主要な修辞的戦略は、必然的結合についての様相的主張は何を表現しているのかという問題を、次のようなものを提示することで論じるというものである。

C氏（恒常的連接（Constant Conjunction）の頭をとって）とE氏（伴立（Entailment）[7]の頭をとって）との間の討論という形式を採った、論争の好意的な再構成。この討論において両者がそれぞれの見解を展開し修正することで、問題は先へ先へと突き詰められていく(18)。

経験主義者〔C氏〕は様相ボキャブラリーの使用が、記述的で外延的な普遍的一般化によって表現される以上の真っ当な意味論的内容を表現しうることを否定する。合理論者〔E氏〕は、推論の規則を表現している伴立（Entailment）関係によって当該の意味論的内容を理解しようとする。セラーズは以上のような主張をする限りでの経験主義者と合理論者、それぞれの短所と長所について、表向きには公平に扱っている。しかしながら、彼自身の説明に取り掛かるところで明確になるように、実際のところセラーズは合理論的説明のひとつのバージョンを主に展開したいと思っている。論文の後半部が展開するにしたがい、彼にしては珍しく明示的になされている以下のような議論の転換によって、セラーズは中立の姿勢を捨てることをはっきりさせている。「もはやE氏の仮面を私が脱ぎ捨てて、伴立説に対するC氏の第一批判の最後を締めくくっていた問題への応答を始めてもいい頃合いだろう(19)。」

そうするにあたっては、次の四つの異なる種類のものの違いと関係性について、注意深い探求が必要だという。

- 事物がAであることから、それがBであることへの推論が適切であるということの実践的な是認。

- 「B」が適用可能であることを「A」が適用可能であることから推論してよいという明示的な言明。
- Aが物理的にBを伴立するという言明。
- Aは必然的にBであるという言明。

ひとつ目のものは、記述という営み、すなわち記述的ボキャブラリーの使用によって語用論的に前提されているとセラーズが考えるたぐいのものだ。ふたつ目のものはそういった実践的な是認を捉え損ねる。というのも「A」および「B」という表現について、それらがいったい何を表現しているのか理解していない場合にも、こういった言明は主張できてしまうからだ(20)。

三つ目のものは、E氏が四つ目のものを分析する際の初手を表すものだ。これは、様相言明が表現しているはずの伴立関係とは一体何であろうか、という問いに対する答えとなっている。

> E氏は即答する。［…］それは［…］「自然的」あるいは「物理的」伴立関係とでも呼べるものである。というのも、どのような伴立関係も論理的関係なのではあるが、伴立関係から成る大きなクラスの内において、その間に伴立関係が成り立っているもの同士のそれぞれが持つ特定の経験的内容からの関数になっている伴立関係と、そうでないものとを区別することができるからである。後者のものは一般論理学あるいは形式論理学（そして純粋数学）によって探求される。一方、経験科学は、それが法則を探求するものであるという限りで、前者の種類の伴立関係を探し出そ

うとするものである。この探求における成功（とされるもの）は、以下の形式を持つ言明で表現される。「AがBを物理的に伴立することは（帰納的に）蓋然的である。[21]」

「AはBを物理的に伴立する」といった言明の長所は、ある人がしていることにおいてなされた推論の陰伏的な実践的是認を、明示的に言うことのできるものという形でもっともらしく成文化していること、なおかつそうするにあたってそれは特定の表現や、推論という営みや、言説を実践する人などといったことについての余計なコミットメントを持ち込まないということにある。残る問題は、「AはBを物理的に伴立する」といった言明は、客観的必然性について述べる明示的に様相的な言明とは同じ内容を持っていない、つまり同じことを言っていないと明白に思われることだ。

この問題に対するセラーズの応答は、様相言明はなんらかの伴立関係が成立するということを言っているわけではないということを認めつつ、あるボキャブラリーを使用することで言われていることと、そのことによって「文脈的にほのめかされている（*contextually implied*）」こととを区別するというものである。後者の概念は彼の提案する合理論的説明の訂正案において重大な役割を担うにもかかわらず、それについてセラーズはほとんど何も言っていない。これがこの時期より前にセラーズが論文「推論と意味」（"Inference and Meaning"）において付けていた区別と同じものであることはすぐに見て取れる。その区別とは、ある言明をすることで主体が言っていることと、そうすることで伝達する（*convey*）こととの間に付けられるもののことだ。その論文でセラーズが出す例は、「今日は空が晴れている」と主張することで私は、今日は空が晴れているということを言うとともに、空が晴れていると信じていることを伝達する、というものだ[22]。こういった例でセラーズが念頭に置いているのは、意味論的推論と語用論的推論との区別であると解釈するほかないように私には思われる。それは、言われたあるいは主張されたことの内容によって裏づけられる推論と、それらを言うということでその人がしていることによって裏づけされる推論との区別である。「空が晴れている」から「雨は降っていない」への推論は前者のたぐいのものであり、「空が晴れている」と私が主張していることから「ブランダムは空が晴れていると信じている」への推論は後者のものだ。これら二種類の推論は、以下のようなフレーゲ＝ギーチ的な埋め込みによるテストによって一般には区別されうるかもしれない。すなわち、当該の推論をしている人が、それに対応した条件文をもまた受け入れるかどうか確認するのである。「もし空が晴れているならば、雨は降っていない」は一般に真である一方、「もし空が晴れているならば、ブランダムは空が晴れていると信じている」は一般に真ではない。(「ダサいネクタイをしていますね」と私〔ロバート・ブランダム〕が言っているということから、「ロバートは私にムカついている」へと推論することと比較せよ。)

5　様相についてのカント的なプラグマティズム

もしもこれが本当にセラーズの念頭に置いている区別なのだとしたら、彼が説明し擁護している見解は、伴立関係を述べる言明についての話を経由せず、推論パターンの是認と様相言明との間の関係を直接考えるようにすれば、より逆説的でない仕方で述べることができると思われる。根底にある合理論的な洞察は、様相的主張をなすことでしていることとは、ある推論のパターンを是認することとなのであるという、プラグマティズム的、推論主義的なものだ。様相ボキャブラリーは、推論の是認という語用論的な効果を持った、新たな種類の言うことを可能にするのである。このように述べても、様相言明が何を言っているのかについて述べたことにはならない。様相言明を言うことによって何をしているのかについて述べているだけである。しかしながら以上のことは、様相的主張が適切になされうる状況はどういったものなのか、および様相ボキャブラリーの適用から生じる帰結は何なのかという意味での、様相的主張の語用論的意義を定めるものだ[23]。なんらかのものをAであると分類あるいは記述することを、それがBであると結論することの十分な理由として（当該の推論パターンの反事実的な頑強（ロバスト）さを捉えるべく、セラーズの言うように「それ自体で」十分であるような理由として）扱う、というこの推論パターンをある人が実践的に是認しているとき、その人はすべてのAは必然的にBであるという主張にコミットをしている。そしてこの主張へのコミットメントは、この推論のパターンを実践的に認可することへのコミットメントである。ここで、セラーズが主張したように、通常の非様相的、記述的ボキャブラリーを使用するためには、そのような推論のパターンを実践的に是認する（「諸々の記述を含意関係の空間の内に置く」）ことが必要であるという想定を置こう。この想定のもとでは、「純粋に記述的」なボキャブラリーを運用する実践的能力を持っている人は誰でも、様相ボキャブラリーの運用の仕方を知るために必要なあらゆることについて、そのやり方をすでに知っていることになる。これは、様相ボキャブラリーを実際に運用していなければならないということではない。というのも、そういった推論的なコミットメントの実践的な受け入れは、何かを言うことでそのコミットメントの受け入れをすることを可能にするボキャブラリーを備えた言語がすでに使用できる状態にあることを必要とはしないからだ。しかし、こういった状況で推論を実践している人に欠けているものは、その人がすでに持っている弁別的に反応する能力に結びつけられるべきところの語、ただそれだけにすぎない。ちょうどこの意味において、様相ボキャブラリーを運用する能力は、非様相的な記述的ボキャブラリーを運用する能力において実践的に陰伏しているのである。

記述するという営みは、単に推論をすることだけではなく反事実的に頑強な推論をすることも含むようなひとまとまりの語用論パッケージの一部としてでなければ理解不可能であるとセラーズは主張した。反事実的に頑強な推論とはすなわち、説明において持ち出されるたぐいの推論であり、また法則を述べる明示的な様相言明によって承諾されるところの推論である。セラーズは、初期に書いた論文のひとつのタイトルにおいて、この主張を見事にまとめている。「法則に関わるもの、そして法則なしには理解不可能なものとしての概念」(Concepts as Involving Laws, and Inconceivable without Them)(24)。概念の把握とは、語の使用の習得であるとセラーズは言う。そして記述的概念について、問題となる語の使用には以下のふたつの要素が含まれる。まず、推論を実質的に良い(materially good)ものと悪いものとに(どれだけ可謬的で不完全だったとしても)分別する能力である。しかしそれだけではなく、それらの良いとされる推論が良いものであり続けるような反事実的状況と、そうでなくなるような反事実的状況とを(どれだけ可謬的で不完全だったとしても)区別する能力もだ。ある推論を実質的に良いものとみなすということには、ありうる付随的前提や補助仮説のうち、どれを追加するとそれが無効になり、どれを追加してもそうならないのかということについての見解を持つと[8]

いうことが含まれている。栗の木には栗の実が成る。木が未成熟であったり、病害を被っていたりしていなければ。ちゃんとできている乾いたマッチには火がつく。無酸素状態でなければ。腹を空かせた雌ライオンはレイヨウを追いかけるであろう。もしそれが火曜日であったとしても、あるいは離れたところの木にいるカブトムシが枝を少し登ったとしても。しかし雌ライオンの心臓が鼓動を止めたとしたならば、もはやそうはならない。ここで言いたいのは、上記の概念を運用しているとみなされるために必要となる区別に、なにか特定の決まったものがあるということではない。重要なのは、もしこれらの概念を含む実質推論の反事実的頑強（ロバスト）さについて、実践においてこのような評価をまったくすることができなかったならば、それらの概念を習得していることにはならないということである。

　概念の通常の記述的な使用には何が伴うのかということについてのこのプラグマティズム的、推論主義的な主張を背景としてセラーズが主張しているのは、私の読解する限りでは次のようなことだ。彼によると、明示的に様相的な「法則的」言明とは、上で述べたような反事実的に頑強（ロバスト）な推論のパターンの是認にコミットメントあるいは資格を有するときにはいつでもそれらにコミットメントあるいは資格を持ち、一方でまたそうした言明へのコミットメントあるいは資格を有するということが、今度は対応する推論パターンへのコミットメントあるいは資格を与えるような、そういったものなのだ。このように述べることで、そういった様相言明を使用するためになにをする必要があるのかということへの答えが得られる。しかしこの答えは、様相言明を使用しているとき主体はそうすることで世界をどのようであるものとして記述しているのか、といったことについて述べているのではない。特に、それはある推論のパターンを良いものとして記述しているのではない（様相言明をすることは、独自の仕方でそういったパターンの是認を表現するのではあるが）。様相表現の使用がこういったことをしないというのは、それがそもそも記述的ではないという単純な理由による[25]。様相表現の使用は、記述的表現の使用の持つ、記述的な使用と分かちがたく結びついているがそれと同一ではないようなある特徴を、言明という形で明示的に成文化するのである。しかしながら、ボキャブラリーを記述的に使用する仕方を知っている人は、様相ボキャブラリーの使用の仕方を知るのに必要なことについてなら何でも、すでにそのやり方を知っている。そしてこのことは、様相ボキャブラリーの理解可能性に対する経験主義的異議申し立てが前提とする、ヒューム的な〔様相についての〕困惑に、我々は実際のところ至ることができないということを示すに十分である。というのも、事実の記述をすること（「猫が絨毯の上にいる」）においてボキャブラリーを使用するやり方を知っていながら、様相、反事実的出来事、傾向性といったものについて語るボキャブラリー（「生きている猫が呼吸をすることは必然である」、「もし絨毯が少し異なる色合いの青だったとしても猫は絨毯の上にいられたであろうが、絨毯がスープになってしまったとしたらそうではなかっただろう」、「もし猫がネズミを見つけたとしたならば、絨毯から離れたことであろう」）をどうやって使用したらいいかについてはまったく見当もつかない、という事態はありえないからだ。明示的に様相的なボキャブラリーは、確かに記述的ボキャブラリーを運用するという実践の上にある原理的にはオプショナルな上部構造なのではあるが、その基礎となるレベルの実践に参与している人にとって、様相ボキャブラリーの表現していることがまったく理解不能になるということはありえない。

この路線を採用するにあたって、セラーズは自分自身のやっていることをカントの考えの中心的なものを復活させることとして理解しているが、この自己理解はまったく適切であろう。「質量」「剛性を持つ」「緑である」といった経験的‐記述的な語を使用する能力は、様相ボキャブラリーによって明示化されるところの性質、関係といったものの把握をすでに前提としているのである。カントを「純粋」概念あるいは「カテゴリー」といった考えに導いたのはまさにこの洞察なのだ。それらは因果的法則を分節化するような、必然性および可能性という真理様相概念を含んでいる。また、そういった概念を運用する能力が通常の経験的‐記述的概念を運用する能力によって前提されているという意味において、そしてまさにそれゆえに、それらはアプリオリに利用可能でなければならないのである。様相を含む諸カテゴリーは、概念の経験的、記述的使用なるものにおいて陰伏的であるものを明示化する概念なのだ。それによって反事実的に頑強（ロバスト）な推論のパターンが表現されるところの法則というものに関して、どの法則が実際に成立しているのかということについての詳細は、確かに経験的な問題である。しかしながら、経験的記述のそれぞれが、反事実的に頑強（ロバスト）な推論のパターンを表現する法則という形式をとった規則によってお互いに関連づけられているという、そのこと自体は経験的な問題ではない。それは、経験的記述という枠組みについての真理なのである。根底にあるこのような洞察を、「様相についてのカント＝セラーズテーゼ（the Kant–Sellars thesis about modality）」[9]と呼ぶことにしたい。そのテーゼが主張するところでは、非様相的な経験的‐記述的ボキャブラリーを使用することができるとき、主体は様相ボキャブラリーの運用の仕方を知るのに必要なことなら何でも、すでにそのやり方を知っている。それを踏まえれば、様相ボキャブラリーというものは、記述するときにしていることにおいて常にすでに陰伏的であるような構造的特徴を明示化するものとして理解されうるのである。

6　結論

様相についてのカント＝セラーズテーゼについて、自分自身のバージョンを明確化し正当化するということが、経験主義において伝統的であった様相についての「すぎない主義」に対するセラーズの建設的な応答である。「すぎない主義」とはまさに経験主義からの次のような要求であった。様相的主張によって表現されていることは、非様相的な言葉で表現可能であると示されるか、あるいは意味論において潔癖症な哲学者、科学者らによって綺麗さっぱり消去されるかでなければならない。セラーズの応答は、論文「現象主義」でなされた彼の次のような論証を補強し、完成させるものである。すなわち、壮大すぎる野心を持つ経験主義からの〔様相についての〕批判的帰結と、客観的－記述的ボキャブラリー、一次性質ボキャブラリー、理論ボキャブラリーなどのターゲット・ボキャブラリーをお好みの経験主義的なベース・ボキャブラリーで再構成、あるいは代替しようという経験主義の建設的な作業とは、後者が実質的十分性の最もミニマルな基準を満たそうとしているにすぎない場合でさえ、両立不可能であるというものだ。伝統的な形式の経験主義、および二〇世紀の論理経験主義のどちらにおいても、その急所となるのは様相の意味論的取り扱いであるというのがセラーズの初期の直感だったわけだが、これを彼が最終的にどう考えるようになったかということを、これらの〔論文「現象主義」、「反事実法、傾向性、因果的様相」での〕議論は合わせて示しているのである。

本章の全体としての目標は、「経験論と心の哲学」の前半部で提示される経験主義批判をより広い文脈へと位置づけること、すなわちセラーズが様相についての経験主義的伝統に存在する諸見解を考察することにより導き出した、同じ対象〔経験主義〕へ向けられたさらなる一連の反論と並べてみることで得られる文脈へと位置づけることであった。これらの議論のすべてを導いている方法論的戦略は、次のようなプラグマティズム的なものと合理論的なものであることを示すことに本章では腐心してきた。経験的‐記述的ボキャブラリーを運用するためにする必要があることは何であるのかを見なければならないというのがセラーズのプラグマティズム的主張であり、そのようなボキャブラリーの使用によって表現される概念は、推論的に分節化される必要があるというのが彼の合理論的コミットメントであった。五十年後の今でも、まだこれらの考えから得られるものは多くあると思われる。

ただここでは、いくぶん浮ついたあるひとつの提案をしてこの章を終えることにしたい。著作をじっくりと読むということは、おしなべて書き直しをするということになるのであり、なかでも本章で提示してきたのは、セラーズが一九五〇年代後期〔『経験論』執筆時期〕において採用しえたかもしれない、実際とは異なる語り口の骨子である。『経験主義の限界』（*The Limits of Empiricism*）とでもいうタイトルのもと、「経験論と心の哲学」の大まかに言って前半部、そして「現象主義」と「反事実法、傾向性、因果的様相」それぞれの後半部に登場する題材を、本章で辿ってきた諸テーマから導入し、それらのテーマを中心としてまとめ上げることで再提示するということもできたのではないか。もしセラーズの第一の著書がこんな形を取っていたならば、彼の哲学の受容はどのように違ったものとなっていただろうか。そして我々自身の今の立ち位置はどのように違っていただろうか。こういったことについて考えを巡らせるのは面白いことだ。

注

（1）"Autobiographical Reflections（February, 1973)," in *Action, Knowledge, and Reality*, ed. H. N. Castañeda（Indianapolis, IN: Bobbs-Merrill, 1975), p. 285.

（2）リチャード・ローティによる序文とロバート・ブランダム（Robert Brandom）による読解のための手引きが付された『経験論と心の哲学』〔浜野研三訳、岩波書店、二〇〇六年〕（*Empiricism and the Philosophy of Mind*, reprinted with an introduction by Richard Rorty and a study guide by Robert Brandom. Cambridge, MA: Harvard University Press, 1997）。

（3）この考え方は第六章においてより詳細に探求される。

（4）このような仕方の議論設定については、第六章でさらに論ずる。

（5）La Salle, IL: Open Court, 1946.

（6）"Phenomenalism," in *In the Space of Reasons*, ed. Kevin Scharp and Robert Brandom（Cambridge, MA: Harvard University Press, 2007), p. 331.

（7）"Phenomenalism," p. 328.

（8）In *Minnesota Studies in the Philosophy of Science*, vol. 2, ed. H. Feigl, M. Scriven, and G. Maxwell（Minneapolis: University of Minnesota Press, 1957), pp. 225-308.

（9）「経験論」においてと同様（そして、それほど踏み込んではいないものの「現象主義」においてと同様）、この論文においてセラーズは自分自身のしていることを、経験主義を否定しているのではなくむしろそれを修正するものであり、その中心的な洞察を、行きすぎた適用によって引き起こされてしまう悪影響から守ることとして描写している。しかし彼はまたそのような修正の結果として現れるのは、適切に再構成された合理論的洞察にも同様に重きを置くような、カント的見解であるということも明確にしている。よって、例えば彼は次のように述べる。

ここでの目的は、ヒュームの因果性についての哲学にある核心的真理は、合理的言説のひとつの様態である因果的言説の特徴を懐の大きい形で（*ungrudging*）認めるということと両立可能であるだけでなく、それなしでは不合理なものであるということを論じることである。そういった特徴は、「形而上学的合理論者」たちが大いに強調し、しかしながらまた彼らが記述することへと誤って同化してしまったようなものであった。（CDCM §82）

そしてこの論文の最後の文では、カントの理性概念にある「深遠な真理」なるものが引き合いに出され、理性について「経験主義は［それを］歪曲しがちであった」とされている。

（10） CDCM §82.

（11） Ibid.

（12） 「経験論」九三頁。（EPM, §41, p. 83）

（13） CDCM §79.

（14） もどかしいがしかし彼らしいことに、セラーズはそのような純粋に記述的な言説の語用論的自律性について、態度を明確にはしていない。彼は次のように述べる。

その記述が様相表現を含まないような仕方で世界が原理的には記述できるという考えは、その記述が指令的（prescriptive）表現を含まないような仕方で世界が原理的には記述できるという考えと同種のものである。というのも、ここで思い描かれているのは「事実であることの総体」を述べるという理念であり、それはしかし事実であることを述べるという役割だけを徹底して果たすものであるからだ。そしてそのような記述に到達するにあたって、それを正当化するにあたって、またそこに含まれる要素同士の関連性を示すにあたっては多くの様相表現が適切に使用されるかもしれないが、その記述自体は様相表現を含みえないということは論理的真理である。（CDCM §80）

この理念についてのセラーズの見解は複雑なものだ。ある意味でこの理念は理解可能なものであるが、また他の意味ではそうでないという。そのような言説は、私たちの言説がそうではない仕方で、非反省的（unreflective）であり自己意識を欠いている（unselfconscious）のである。後に明らかになる理由によって、そのような言説は彼が論文の最後で述べる「言語の転換に原因があるが、しかし理由がない段階、人間が理由について推論する（reason about reasons）能力を獲得する［以前］」（CDCM §108）の人間の言語という段階に属するであろうものなのだ。

(15) CDCM §108.

(16) CDCM §80.

(17) セラーズはこの明白な事実を次のような洞察と結びつけている。

観念論は次のような誤謬推論をしていることで悪名高い。世界について言明をなすための理性を我々が持つためには心の存在が必要であるということから、心が存在しない世界という考えはしたがって理解不可能であると結論する推論だ。（CDCM §101）

(18) CDCM, introduction.

(19) CDCM §85. 実際のところ、セラーズによるC氏の「弁明」とされるもの（注(9)に引用されている§82からの一節を見よ）は、E氏に対してC氏がなさねばならない譲歩が何であるかを示すという内容である。弁明はまず、「『AがBを引き起こす』は(x)［Ax⊃Bx］ということを言っており、そして後者が帰納的根拠に基づいて主張されているということをほのめかす（*implies*）」（CDCM §62）のだとするC氏の留保に始まり、そして「帰納法はそこから我々が推論するところの大前提（major premises）ではなく、我々がそれに準じて推論するところの原理を確立するものとして」（CDCM §83）捉えられる必要性があるという点が続く。後に明らかになるように、前者の譲歩は、明示的に言われていることに対置される、文脈的にほのめかされている（contextually implied）ことという考えを導入しており、これは後に対話の進行のなかでE氏が取りあげて使うことのできるようにされている。この対話の流れはセラーズのしているちょっとした修辞的飾り付けではあるものの、これが様相への経験主義的、合理論的アプローチの間にある衝突の重要な特徴を最終的に反映しているかは疑わしい。

(20) セラーズが次に述べている通りである。

しかしながら例えばトルコ人について、彼らは「これこれ」へとコミットしているときに「それそれ」を撤回しなければならないということを、彼らの言語を理解することなく知るということが可能である。一方で「pはqを伴立する」という言明は、話者が「p」および「q」が属している言語を知っているということだけでなく、「p」そして「q」それら自体の使用法を知っているということを文脈的にほのめかす。(CDCM §81)

(21) CDCM §56.

(22) Sellars, "Inference and Meaning," in *Pure Pragmatics and Possible Worlds: The Early Essays of Wilfrid Sellars*, ed. J. Sicha (Reseda, CA: Ridgeview, 1980), pp. 280/332.

(23) セラーズが次のようなことを述べるのは、ボキャブラリー同士の間にあるこの独特で特有な種類の語用論に媒介された関係を特定するという試みに導かれてである。

　様相言明は世界の事象を記述しないものであり、それはそういった言明が本当はメタ言語的なものだからだ、と考えられることがときにある。ここで意味されているのが、世界の事象を記述する代わりにそういった言明は言語的な習慣を記述しているのだということならば、それはまったくうまくいかない考えだろう。様相的な言葉遣いを含む言明は対象言語における一定の表現の使用についての指令的な言明の力を持つ(have the force of)ということが意味されているのだとしたら、それはより説得的である。しかしなお、ある言明「の力を持つ」ということにはひとつより多くの仕方があるのであり、それらを区別し損ねることは、そこから引き出される含意が広範なものになるにしたがって深刻な混乱へと膨れ上がりかねない。(CDCM §81)

　様相表現はメタ言語的だと言うべきだろうか。単純な「イエス」も単純な「ノー」もうまくいかない。事実、上記の考察にしかるべき重きを置いたならば、様相表現はその特徴においてメタ言語的だという考えは、根本的な洞察を過度に単純化するものだということを認められるようになる。様相表現が「メタ言語内」にあるという主張は、次のような条件のもとではそこまでミスリーディングではない、と述べておけばここでの目的のためには十分であろう。まず様相表現とともに出てきている表現(以上の例では「p」および「q」によって代表されているもの)が有する独特の力については、そういった表現に他の言語への「直截な（straightforward）」翻訳があるような仕方で特に認識されること。そして、様相表現は「メタ言語内」だけではなく思考と概念についての言説にも属するということが認識されること。（CDCM § 82）

ここで我々は、他の箇所同様、ある確言をする理由があるという事実のゆえに我々が世界についてコミットしていることと、その確言それ自体が持つ、より狭い意味での力との間に区別をつけなければならない。（CDCM § 101）

（24） In *Pure Pragmatics and Possible Worlds*, ed. Jeffrey Sicha (Atascadero, CA: Ridgeview, 1980), pp. 87-124.

（25） セラーズは以下のように述べる。「［E氏は］帰納法はそこから我々が推論するところの大前提（major premises）ではなく、我々がそれに準じて推論するところの原理を確立するものとして理解している。」（CDCM § 83）

訳注

［1］「pragmatics」と「pragmatism」との間にある単語レベルでのつながりは、「語用論」「プラグマティズム」と訳出された際には失われてしまうが、ここでは慣例通り訳語を当てることにした。語用論とプラグマティズムとの関係についてのブランダムの詳しい考察に関しては、本書では第二章および同章の訳注［7］も参照のこと。

［2］ここで「サピエント」として訳出した「Sapient」という語の意味合いと、それが著者により「Sentient」と対比して使われる仕方については、本書の序章第一節での記述などを参照。

［3］「reasoning」は単に「推論」「推理」として訳出されることもあるが、ここでは「理由（reasons）を求めたり、与えたりすること」といった表現とのつながりを出すために、「推論を介した理由づけ」と訳出した。

［4］緑色の事物が目の前にあるとき特有の仕方（例えば「緑！」と言うこと）で反応することができ、か

つその反応が信頼可能なものである（つまり緑色でない事物に対して同じ反応を返したり、緑色の事物が目に入っているにもかかわらずその反応を返すことができなかったりというようなことがない）こと。

［5］「ネクタイショップのジョン」については、「経験論と心の哲学」の§14（邦訳三五頁）およびそれ以降の議論を参照のこと。ここでセラーズは、「緑である」といった言葉遣いによって観察報告をすることができるが、「緑に見える」という言葉遣いの使用法を習得していない人物ジョンを用いた思考実験を行っている。この思考実験において、ジョンはものの色が本来の仕方で現れる標準的な照明のもとでしかものを観察したことがない人と想定され、ゆえに例えばネクタイが非標準的な照明のせいで「緑に見える」が「実際には緑ではない（本当は青である）」といった言葉遣いを習得していない。本章でも議論されている通り、ブランダムの読解によるところ、この思考実験でセラーズが示そうとしているのは、「緑に見える」という言葉遣いを習得することでジョンが語用論的にできるようになることは何か、そしてそれは「緑である」という観察報告をするという実践から独立したものでありうるか、といった論点である。この読解についての詳細は、「経験論」に付されているブランダムによる「読解のための手引き」も参照のこと。

［6］ ここで「反事実的に頑強（ロバスト）」と訳出されている語は原語で「counterfactually robust」であり、「反事実的に頑強（ロバスト）な条件文」としてどのようなものが考えられているかの例は本文直後に著者が挙げているものおよび本章第五節を参照。反事実的に頑強（ロバスト）な条件文は、典型的には「もし仮にAが起きたとしたならばBが生じたであろう」といった形をとり、少なくとも直感のレベルでは、実際にはAが起きなかったという状況においてもなんらかの意味で真でありうる（あるいは少なくとも正当に主張されうる）ように思われるものである。

［7］「implication」および「entailment」は、慣例に従ってそれぞれ「含意」および「伴立」と訳出した。

［8］「実質的に良い（materially good）」推論という概念は、セラーズが「形式的に良い（formally good）」推論と対比して導入する概念であり、ブランダムも自身の議論でそれを踏襲して使用している。実質的に良い推論（あるいは良い実質推論）とは、大まかに言って、形式的（狭い意味での論理学的）妥

当性へと還元されないような良さ、妥当性を持つとみなされうるような推論のことを指す。例えばセラーズは一九五三年の論文「推論と意味」（"Inference and Meaning"）で、「雨が降っている」から「道路は濡れるであろう」への推論を実質的に良い推論の例としており、この推論の良さは「雨が降っているときはいつでも道路は濡れる」という隠れた前提を持つ省略三段論法（enthymeme）の形式的妥当性へは還元できないものであると論じている。ブランダム自身によるこの点の詳しい説明は本書でなされていないが、アクセスしやすいものとしては例えば『推論主義序説』〔斎藤浩文訳、春秋社、二〇一六年〕（*Articulating Reasons*. Cambridge, MA: Harvard University Press, 2001）の第一章（特に第五節）などを参照。

〔9〕　ここで「様相についてのカント＝セラーズテーゼ」と呼ばれているものについては、本書第七章の議論も参照。本書の後に出版されたものでこの点をより詳細に論じたものには、*From Empiricism to Expressivism: Brandom reads Sellars*（Cambridge, MA: Harvard University Press, 2015）などがある（特に第三章およびそれ以降の議論を参照のこと）。

著者略歴

ロバート・ブランダム（Robert Boyce Brandom）

1950年ニューヨーク生まれ。1972年にイェール大学を卒業後、1977年にプリンストン大学にてリチャード・ローティとデイヴィッド・ルイスのもとで哲学の博士号（Ph. D.）を取得。1976年にピッツバーグ大学の哲学科助教授に就任し、1991年に正教授に昇進。現在は同大学の哲学特別教授（Distinguised Professor of Philosophy）を務める。ピッツバーグ学派として知られる分析哲学の一潮流を主導する第一人者であり、英語圏におけるヘーゲル再興の立役者としても知られている。前者に関する主著に「推論主義」の立場を打ち出した『明示化』（*Making It Explict*, 1994）、後者に関する主著に『信頼の精神』（*A Spirit of Trust*, 2019）がある。現代におけるプラグマティズムの代表的論者でもあり、本書はそれに関する論文をまとめたものである。

訳者略歴

加藤隆文（かとう・たかふみ）

1985年京都生まれ。京都大学大学院文学研究科博士後期課程修了。博士（文学）。大阪成蹊大学芸術学部講師。論文に「分析プラグマティズムからの提案――分析美学の問い直しのために――」（『美学』254号、2019年）、“A Peircean Revision of the Theory of Extended Mind”（*Cognitio*, v. 16, n. 1, 2015）、「パース思想を踏まえた「芸術の人類学」の展開可能性」（『美学』242号、2013年）など、単訳にシェリル・ミサック著『プラグマティズムの歩き方――21世紀のためのアメリカ哲学案内』上下巻（勁草書房、2019年）がある。

田中　凌（たなか・りょう）

1991年静岡生まれ。米国コネチカット大学哲学科 Ph. D. 課程在籍。同大学 M. A. 課程修了。京都大学大学院文学研究科博士前期課程修了。修士（文学）。M. A.（Philosophy）。論文に“Hume on Non-Human Animals, Causal Reasoning, and General Thoughts”（*Southern Journal of Philosophy*, forthcoming）がある。

朱　喜哲（ちゅ・ひちょる）

1985年大阪生まれ。大阪大学大学院文学研究科博士後期課程修了。博士（文学）。大阪大学社会技術共創研究センター招へい教員ほか。論文に「ジェノサイドに抗するための、R. ローティ「感情教育」論再考」（『待兼山論叢』51号、2017年）、共著に『信頼を考える――リヴァイアサンから人工知能まで』（勁草書房、2018年）などがある。

三木那由他（みき・なゆた）

1985年神奈川生まれ。京都大学大学院文学研究科博士後期課程修了。博士（文学）。大阪大学大学院文学研究科講師。主な論文に「意図の無限後退問題とは何だったのか」（『科学哲学』52巻1号、2019年）、「意図基盤意味論に基づく話者意味の分析はなぜ誤っているのか」（*Contemporary and Applied Philosophy*, Vol. 5, 2014）、著書に『話し手の意味の心理性と公共性』（勁草書房、2019年）、『シリーズ新・心の哲学Ⅰ　認知篇』（共著、勁草書房、2014年）がある。

現代プラグマティズム叢書　第3巻
プラグマティズムは
どこから来て、どこへ行くのか　上巻

2020年10月20日　第1版第1刷発行

著　者　ロバート・ブランダム
訳　者　加藤隆文（かとう たかふみ）
田中　凌（たなか りょう）
朱　喜哲（ちゅ ひちょる）
三木那由他（みき なゆた）
発行者　井村寿人

発行所　株式会社　勁草書房（けいそう）
112-0005　東京都文京区水道2-1-1　振替　00150-2-175253
（編集）電話　03-3815-5277／FAX　03-3814-6968
（営業）電話　03-3814-6861／FAX　03-3814-6854
平文社・松岳社

ISBN978-4-326-19980-8　　Printed in Japan